JN005582

新装版

「ハングル」
能力検定試験
完全対策

3級

完 全 対 策

林京愛 著

HANA

新装版について

本書は、2018年に出版された『ハングル能力検定試験3級完全対策』の聞き取り音声をダウンロード提供のみに変更した新装版です。MP3音声CD-ROMは付属しておりません。

ダウンロード情報

本書の音声は、小社ホームページ(https://www.hanapress.com)からダウンロードできます。トップページの「ダウンロード」バナーから該当ページに移動していただくか、右記QRコードからアクセスしてください。

はじめに

　「ハングル」能力検定試験3級は、日常的な場面で使われる基本的な韓国・朝鮮語を理解し、それらを用いて表現ができるレベルです。5、4級の初級レベルに比べると、単語、文型、漢字語、慣用句など覚える量も項目も多く、問題のレベルも高くなっています。特に聞き取りの場合は、内容はもちろん、話すスピードも速くなり正確に聞き取るためには多くの練習が必要です。

　本書は、STEP1〜4で構成されています。STEP1ではまず、「プチ模擬試験」を通じて試験の難度やご自身の現状のレベルを把握できます。STEP2では3級の出題範囲の内容を項目別に勉強、その後はSTEP3のドリルで問題を解きながら学習内容をしっかり定着させます。特にたくさんの聞き取り問題を解きながら耳を慣らしましょう。さらに最後の仕上げとして、STEP4では本試験を想定した模擬試験で学習の成果を確認することができます。

　本書の特徴として、多様なドリルが挙げられます。ドリルは学習しやすいように項目別に分かれていますので、強化したい分野や苦手な部分を選び出して集中的に学習することも可能です。また、解答には正解のみならず学習に役立つ関連項目も解説しています。ドリルで自分の弱点を見つけ、克服しながら関連項目までしっかり覚えられる構成からも、本書は効率的に合格点を取ることができる対策本になっています。

　本書が「ハングル」能力検定試験の学習に上手に活用され、皆さまの学習の一助となりますこと、そして何よりも皆さまの合格を、心から願っております。

　最後に本書の刊行に当たって、企画の段階から編集や校正に至るまで、多大なご協力をいただいた皆さまに心からお礼申し上げます。

林京愛

目　次

STEP 1　まずは現状把握！
プチ模擬試験

STEP 2　必ず押さえよう！
3級必修項目

STEP 3　項目別に練習！
合格徹底ドリル

STEP 4
総仕上げ点検！ 模擬試験

レベルの目安と合格ライン

レベル

◇決まり文句以外の表現を用いてあいさつなどができ、丁寧な依頼や誘いはもちろん、指示・命令、依頼や誘いの受諾や拒否、許可の授受などさまざまな意図を大まかに表現することができる。

◇私的で身近な話題ばかりではなく、親しみのある社会的出来事についても話題にできる。

◇日記や手紙など比較的長い文やまとまりを持った文章を読んだり聞いたりして、その大意をつかむことができる。

◇単語の範囲にとどまらず、連語など組み合わせとして用いられる表現や、使用頻度の高い慣用句なども理解し、使用することができる。

合格ライン

100点満点（聞き取り40点中必須得点12点、筆記60点中必須得点24点）で、60点以上が合格

試験時間：聞き取り30分、筆記60分　マークシート使用

試験の実施要項と出題形式

「ハングル」能力検定試験は1年に2回（春季・秋季）実施。春季は6月の第1日曜日、秋季は11月の第2日曜日に行われます。

試験は聞き取り試験30分、筆記試験60分の順で続けて実施され、その間の休憩時間はありません。それぞれの試験の出題形式は以下の通りです。

聞き取り問題　30分

大問 1～5　全20問（40点）

イラスト問題	2問
応答・内容理解問題	18問

※必須得点12点

筆記問題　60分

大問 1～12　全40問（60点）

発音問題	3問
語彙・文法問題	22問
漢字問題	3問
読解問題	6問
翻訳問題	6問

※必須得点24点

試験時間90分　100点満点 <60点以上合格>

\ POINT /

必修語彙が増えるのはもちろん、単語と単語を組み合わせて用いられる連語や表現、慣用句などが試験問題の中で数多く扱われます。また、身近な社会的出来事を話題にした問題や日常のさまざまな場面で使われる表現など、それぞれの意図をきちんと理解しているかを問う問題が出題されます。長めの文章やまとまった文を読んだり聞いたりして、その大意をつかむ力が必要とされます。

受験申込み (郵送またはオンラインで申込み)

郵　送	「ハングル」能力検定試験の受験案内取り扱い書店で願書を入手できます。 ※検定料を払い込める書店と願書配布のみの書店があります。
オンライン	ハングル能力検定協会のサイトから願書をダウンロードできます。

ハングル能力検定協会　http://www.hangul.or.jp/

本書の特長と学習の進め方

本書はSTEP1〜STEP4の４段階で構成されています。段階ごとに学習していくことで、検定試験に合格するための総合的な実力が付けられます。

STEP 1 プチ模擬試験

現状把握して学習をスタート

試験の難度、現在の自分の理解度などを把握してから本格的に学習をスタートさせられます。本試験まで時間がない場合や学習時間が思うように取れない方は、プチ模擬試験を通して苦手分野を確認し、強化したい項目を絞って学習することも可能です。

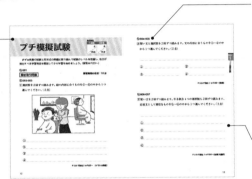

本試験を効率よく"お試し"

聞き取り問題、筆記問題共に、本試験で出題される問題形式ごとに１問ずつ掲載しています。

強化ポイントをチェック

「ドリルで強化！」「必修項目で確認！」では、問われている問題に対応するためにどのドリル、どの項目で学習をすればいいか一目で分かります。

STEP 2 ３級必修項目

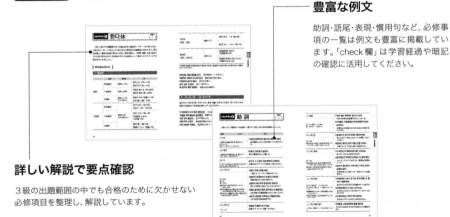

詳しい解説で要点確認

３級の出題範囲の中でも合格のために欠かせない必修項目を整理し、解説しています。

豊富な例文

助詞・語尾・表現・慣用句など、必修事項の一覧は例文も豊富に掲載しています。「check欄」は学習経過や暗記の確認に活用してください。

STEP 3 合格徹底ドリル

問題形式を確認

「この問題に効く！」では学習しているドリルが本試験でどの問題形式に対応しているのか示しています。また、「必修項目で確認！」ではどのページを参考にして復習すればよいのか一目で分かります。

実力アップにつながる多様なドリル

ドリルでは、本試験と同形式の問題を豊富に掲載しています。解答では正解のみならず関連項目についても解説しているので、検定試験対策をしながら確実な実力アップが狙えます。

STEP 4 模擬試験

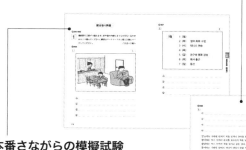

仕上げの実力点検

2回分収載した模擬試験で、学習の総仕上げとして実力チェックができます。聞き取り試験・筆記試験共に、巻末のマークシートを使って解答してください。本試験は聞き取り試験30分、筆記試験60分で、間に休憩はありません。できるだけ本試験と同じように、時間を計り、連続で模擬試験に取り組むようにしてください。

本番さながらの模擬試験

ダウンロード音声に収録された聞き取り試験の音声には、解答時間のためのブランクも本番同様に含まれていますので、音声を再生したまま1回分の模擬試験に取り組むことができます。

[巻末マークシート]

模擬試験は、本試験と同じくマークシートを使って解答できます。何度も解く場合はコピーして使用してください。

●「ハングル」能力検定試験では南北いずれの正書法も認められていますが、本書では韓国の正書法に統一しています。

STEP
1

まずは現状把握！
プチ模擬試験

聞き取り問題は音声のトラックNo.001〜011を聞いて答えてください。
空欄はメモをする場合にお使いください。

プチ模擬試験

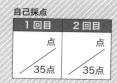
　まずは実際の試験と同形式の問題に取り組んで試験のレベルを把握し、自分が強化すべき学習項目を確認してから学習を始めましょう。(解答はP.23～)

◎ 001

聞き取り問題　　　　　　　　　　　　　　　　　　**解答時間の目安：10 分**

◎ 002-003

1 選択肢を２回ずつ読みます。絵の内容に合うものを①～④の中から１つ
　 選んでください。(２点)

①＿＿＿＿＿＿＿＿＿＿＿＿＿＿＿＿＿＿＿＿＿＿＿＿＿＿＿＿＿＿＿

②＿＿＿＿＿＿＿＿＿＿＿＿＿＿＿＿＿＿＿＿＿＿＿＿＿＿＿＿＿＿＿

③＿＿＿＿＿＿＿＿＿＿＿＿＿＿＿＿＿＿＿＿＿＿＿＿＿＿＿＿＿＿＿

④＿＿＿＿＿＿＿＿＿＿＿＿＿＿＿＿＿＿＿＿＿＿＿＿＿＿＿＿＿＿＿

ドリルで強化！⇒P.82～　[イラスト問題]

◎ 004-005

2 短い文と選択肢を2回ずつ読みます。文の内容に合うものを①～④の中から1つ選んでください。（2点）

① _____ ② _____

③ _____ ④ _____

ドリルで強化！⇒P.85～[語彙]

◎ 006-007

3 短い文を2回ずつ読みます。引き続き4つの選択肢も2回ずつ読みます。応答文として適切なものを①～④の中から1つ選んでください。（2点）

① _____

② _____

③ _____

④ _____

ドリルで強化！⇒P.90～[応答文選択]

◎ 008-009

4 問題文を2回読みます。文の内容と一致するものを①～④の中から1つ
選んでください。(2点)

_____

_____

_____

_____

①私は去年大学に入学した。

②私は学校で観光学を勉強している。

③私の夢は記者になることだ。

④今週学校で試験があるが、あまり勉強していない。

ドリルで強化！⇒P.94～［内容理解①］

◎ 010-011

5 問題文を2回読みます。文の内容と一致するものを①～④の中から1つ
選んでください。(2点)

남 : _____

여 : _____

남 : _____

여 : _____

①남자는 다음 주말에 스키를 타러 간다.

②남자는 스키 타는 법을 배워 보고 싶어 한다.

③여자는 스키를 못 탄다.

④여자는 남자에게 스키 타는 법을 가르쳐 줄 것이다.

ドリルで強化！⇒P.98〜［内容理解②］

筆記問題   解答時間の目安：**20分**

1 下線部を発音どおり表記したものを①〜④の中から1つ選びなさい。
（1点）

정류장에서 버스를 기다려요.

①［전류장］   ②［전뉴장］   ③［정뉴장］   ④［정유장］

ドリルで強化！⇒P.102〜［発音］

2 （   ）の中に入れるのに適切なものを①〜④の中から1つ選びなさい。
（1点）

이 영화의 （   ） 한국에서 요즘 인기 있는 배우예요.

①주인공은　　②환자는　　③연예인은　　④윗사람은

ドリルで強化！⇒P.106～［穴埋め①］

3 (　　　　　)の中に入れるのに適切なものを①～④の中から１つ選びなさい。（１点）

A : 사람들 앞에서 말 조심해.
B : 선배(　　　　) 말 조심하세요.

①야말로　　②에게다　　③마다　　④만큼

ドリルで強化！⇒P.112～［穴埋め②］

4 文の意味を変えずに、下線部の言葉と置き換えが可能なものを①～④の中から１つ選びなさい。（２点）

열심히 일한 후에 <u>쉬는 것은</u> 중요해요.

①휴식은　　②흥미는　　③환전은　　④효과는

ドリルで強化！⇒P.116～［置き換え表現］

5 2つの(　　　　)に入れることができるものを①～④の中から１つ選びなさい。（１点）

・중요한 부분에 밑줄을 (　　　) 공부하세요.
・금메달을 딴 선수들을 박수 (　　　) 환영했어요.

①지면서　　②내면서　　③하면서　　④치면서

ドリルで強化！⇒P.120～［共通語彙］

6 対話文を完成させるのに最も適切なものを①～④の中から１つ選びなさい。（２点）

A：어제 집에 가자마자 얼굴을 씻지도 않고 잤어요.
B：(　　　　　　　　　　　　　　)
A：네, 회사 운동회가 있어서 오전부터 오후까지 운동했거든요.

①얼굴을 씻는 거 안 좋아하세요?
②어제 몇 시에 집에 들어왔어요?
③어제 무슨 일 있었어요?
④어제 집에 가서 뭐 했어요?

ドリルで強化！⇒P.122～［対話文完成］

7 下線部の漢字のハングル表記と同じものを①～④の中から１つ選びなさい。（１点）

提供

①体育　　②世紀　　③材料　　④国際

⑧ 文章を読んで【問1】、【問2】に答えなさい。（2点×2）

　한국 사람들은 술을 매우 좋아합니다. 한국이 세계에서 (　　　　)
나라 중의 하나라는 조사 결과도 있습니다. 스트레스가 쌓인다고 한
잔, 기분이 좋다고 한잔, 이런 저런 이유로 마시다 보면 자기도 모르
는 사이에 술과 친해집니다. 그리고 우리 사회는 인간관계를 중요하
게 생각하는 문화를 가지고 있습니다. 그래서 사람들하고 자주 만나
게 되니까 술을 마실 기회도 많아지는 것입니다. 술을 마시면 같이
마시는 사람에게 보통 때보다 편안하게 이야기할 수 있게 되고 더 친
해질 수 있습니다. 하지만 술을 너무 많이 마시다 보면 여러 가지 문
제도 발생합니다. 개인의 건강에도 좋지 않습니다. 최근 우리 사회는
개인의 건강과 행복을 중요하게 생각하는 사회로 바뀌고 있습니다.
사람들과 같이 술을 마시기보다는 개인적으로 취미 생활을 하는 사
람이 늘고 있습니다.

＊)스트레스가 쌓이다:ストレスがたまる

【問1】（　　　　　　　）の中に入る言葉として最も適切なものを①〜④の中
から1つ選びなさい。

　①인구가 가장 많은　　　②가장 건강한
　③술을 가장 많이 마시는　④스트레스가 가장 많은

【問2】本文の内容と一致しないものを①〜④の中から1つ選びなさい。

①한국 사람들은 술을 아주 좋아한다.

②한국 사람들은 인간관계를 중요하게 생각한다.

③술을 많이 마시면 친구가 많아진다.

④요즘 한국에서는 개인적으로 취미 생활을 하는 사람이 늘고 있다.

ドリルで強化！⇒P.127〜[読解]

9 文章を読んで【問1】、【問2】に答えなさい。(2点×2)

유키 : 이번 연휴 때 무슨 계획 있으세요?

수미 : 저는 초등학교 때 친구들을 만나기로 했어요. 같이 식사하면서 술도 한잔 하려고요. 오랜만에 만나니까 하고 싶은 이야기도 많이 있어요. 유키 씨는요?

유키 : 저는 일본에 잠깐 다녀오려고요.

수미 : 아, 그러세요? 준비는 다 하셨어요?

유키 : 네, 비행기표는 예약했어요. 그런데 아직 부모님이랑 가족들 선물을 못 샀어요. 선물로 어떤 게 좋을까요?

수미 : 글쎄요. 여러가지 종류의 차가 있으니까 차는 어떨까요?

유키 : 좋은 생각이네요. 그럼 여동생한테는 뭐가 좋을까요?

수미 : 여자니까 화장품이 어떨까요? 화장품은 종류도 많고 유키 씨는 여자니까 고르기 어렵지 않을 거예요. 아마 여동생이 좋아할 거예요.

유키 : 정말 좋은 생각이네요. 고마워요.

【問1】本文を読んで分かるものを①～④の中から1つ選びなさい。

①부모님에 드릴 생일 선물

②수미와 유키의 연휴 계획

③인기가 있는 선물

④화장품의 종류

【問2】本文の内容と一致しないものを①～④の中から1つ選びなさい。

①수미는 연휴 때 초등학교 친구들을 만날 것이다.

②수미는 비행기표를 예약했다.

③유키는 연휴 때 일본에 다녀올 것이다.

④유키는 가족들 선물을 아직 못 샀다.

ドリルで強化！⇒P.127～[読解]

10 文章を読んで【問1】、【問2】に答えなさい。（2点×2）

(   ) 자연이나 동물 사진을 찍는 것이다. 왜냐하면 산과 바다 같은 자연이나 동물들의 귀여운 모습을 좋아하기 때문이다. 그래서 주말이나 휴일에는 자주 가족과 함께 사진을 찍으러 나간다. 얼마 전에 카메라를 새로 샀다. 오늘은 그 카메라를 가지고 가족하고 키우는 개와 함께 공원에 갔다. 주말이어서 공원에는 사람들이 많이 있었다. 날씨는 아주 맑고 덥지도 춥지도 않았다. 우리는 큰 나무 밑에 앉아서 집에서 준비한 도시락을 먹었다. 도시락을 먹은 후 우리는 공원을 산책하면서 여기저기서 사진을 많이 찍었다. 큰

나무들도 많고 예쁜 꽃들도 많이 피어 있었다. 정말 즐거운 하루였다.

【問1】（　　　　　　　）の中に入る言葉として最も適切なものを①～④の中から1つ選びなさい。

　　①내 하루는　②내 계획은　③내 취미는　④내 꿈은

【問2】本文の内容と一致しないものを①～④の中から1つ選びなさい。

　　①나는 자연이나 동물 사진을 찍는 것을 좋아한다.
　　②오늘은 도시락을 사서 공원에 갔다.
　　③오늘은 공원에 사람들이 많이 있었다.
　　④오늘은 날씨가 좋았다.

ドリルで強化！⇒P.127～[読解]

11 下線部の日本語訳として適切なものを①～④の中から1つ選びなさい。（2点）

　　요즘 생각이 많아서 힘들어요.

　　①気が多くて　　　　②配慮が足りなくて
　　③考えが甘くて　　　④悩みが多くて

ドリルで強化！⇒P.130～[訳文]

12 下線部の訳として適切なものを①～④の中から１つ選びなさい。（２点）

日増しに成長しています。

①하루가 다르게　　②하루가 늘어서
③해가 떨어지게　　④해가 뜨게

ドリルで強化！⇒P.130～[訳文]

プチ模擬試験

解答

聞き取り問題

1 正解：③

🔊 音声

①미용사는 잠깐 쉬고 있습니다.
②손님은 잡지를 보고 있습니다.
③미용사는 머리를 자르고 있습니다.
④손님은 미용사에게 파마를 부탁합니다.

①美容師は少し休んでいます。
②お客さんは雑誌を見ています。
③美容師は髪を切っています。
④お客さんは美容師にパーマを頼んでいます。
Point 머리를 자르다(髪を切る)という表現をしっかり聞き取りましょう。

2 正解：④

🔊 音声

야채나 고기를 좋은 상태로 유지하기 위해서 필요한 기계입니다.
①세탁기　②삼계탕　③식초　④냉장고

野菜やお肉を良い状態に維持するために必要な機械です。
①洗濯機　②参鶏湯　③お酢　④冷蔵庫
Point 野菜やお肉を保存するために必要な機械は냉장고(冷蔵庫)、洗濯物
(빨래)を洗濯する機械ならば세탁기(洗濯機)になります。

3 正解：①

🔊 音声

어제 요리하다가 손을 다쳤어요.
①많이 다쳤어요?
②어제 뭐 했어요?
③손이 커요? 작아요?

④요리를 잘해요?

4 正解：②

🔊音声
─────────────────────────────────

저는 올해 대학교에 입학했습니다. 학교에서는 관광학을 전공하고 있습니다. 제 꿈은 해외의 이곳저곳을 사람들에게 안내하는 가이드가 되는 것입니다. 그런데 학교에 입학해 보니까 모임이나 미팅이 많아서 매일 집에 늦게 들어갑니다. 그래서 공부할 시간이 별로 없습니다. 사람들을 자주 만나는 것은 정말 즐겁고 좋지만 제 시간이 별로 없습니다. 다음 주부터 학교에서 시험이 있는데 공부를 많이 못해서 걱정입니다.

私は今年大学に入学しました。学校では観光学を専攻しています。私の夢は、海外のあちこちを人々に案内するガイドになることです。ところが学校に入学してみると集まりやコンパが多くて毎日家に帰るのが遅いです。それで勉強する時間があまりありません。人によく会うのはとても楽しくていいですが、自分の時間があまりないです。来週から学校で試験があるのに勉強をあまりしていないので心配です。
Point 올해(今年)、다음 주(来週)などの時期を表す言葉は解答選択のポイントになりますので漏らさず聞き取れるようにしましょう。

5 【問1】正解：③

🔊音声
─────────────────────────────────

남 : 하나 씨, 이번 주말에 스키 타러 가는데 같이 안 가실래요?
여 : 가고 싶은데, 저는 스키를 탈 줄 몰라요.
남 : 괜찮아요. 제가 가르쳐 드릴게요.

여 : 정말이세요? 꼭 배워 보고 싶었는데 고마워요.

男:ハナさん、今週末スキーをしに行くんですが、一緒に行きませんか?
女:行きたいんですが、私はスキーができません。
男:大丈夫です。私が教えてあげます。
女:本当ですか?　ぜひ習ってみたかったんです。ありがとうございます。
①男性は来週末にスキーをしに行く。
②男性はスキーを習ってみたがっている。
③女性はスキーができない。
④女性は男性にスキーを教えてあげる予定だ。

Point -는 법は「~する方法」「~仕方」なので、스키 타는 법は「スキーをする方法＝スキーの滑り方」。-(으)ㄹ 줄 모르다は「~することができない」。

筆記問題

1 正解:③

停留所でバスを待っています。
Point 終声ㅇ + 初声ㄹは鼻音化によりㄹがㄴになります。정류장の漢字表記は「停留場」。

2 正解:①

この映画の(　　　　)韓国で最近人気のある俳優です。
①主人公は　②患者は　③芸能人は　④目上の人は

3 正解:①

A:人前で言葉に気を付けて。
B:先輩(　　)言葉に気を付けてください。
①こそ　②に　③ごとに　④ほど

4 正解:①

一生懸命に働いた後に休むのは大事です。
①休息は　②興味は　③両替は　④効果は

正解：④

> ・重要な部分に下線を（　　　　　　）勉強してください。
> ・金メダルを取った選手たちを拍手（　　　　　　）歓迎しました。
> **Point** 正解の選択肢を入れた文はそれぞれ、**중요한 부분에 밑줄을 (④치면서) 공부하세요**(重要な部分に下線を引きながら勉強してください)、**금메달을 딴 선수들을 박수 (④치면서) 환영했어요**(金メダルを取った選手たちを拍手しながら歓迎しました)となります。**치다**は他に、**소금을 치다**(塩をかける)、**시험을 치다**(試験を受ける)、**큰소리를 치다**(大口をたたく)などの表現もあります。

正解：③

> Ａ：昨日家に帰るなり顔も洗わずに寝ました。
> Ｂ：（　　　　　　　　　　　）
> Ａ：はい、会社の運動会があって、午前から午後まで運動をしていたんです。
> ①顔を洗うのはお好きじゃないですか？
> ②昨日何時に家に帰りましたか？
> ③昨日何かあったんですか？
> ④昨日家に帰って何をしましたか？
> **Point** 対話文を完成させるのにふさわしいのは、家に帰って顔も洗わずに寝た理由を尋ねる内容です。

正解：④

> 提供＝제공
> ①체육　　②세기　　③재료　　④국제
> **Point** 제と表記される漢字に「済」「題」「祭」「除」「製」などが、재と表記される漢字には「材」「財」「裁」などがあります。

　韓国の人たちはとてもお酒が好きです。韓国が世界で（　　　　　　　）国の中の一つだという調査結果もあります。ストレスがたまったといって一杯、気分がいいといって一杯、あれこれの理由で飲んでいると自分も知らないうちにお酒と親しくなります。そして私たちの社会は人間関係を大事に考える文化を持っています。それで人とよく会うようになるので、お酒を飲む機会も増える

のです。お酒を飲むと一緒に飲む人に普段より気軽に話すことができ、より親しくなることができます。しかしお酒を飲み過ぎると、いろいろな問題も発生します。個人の健康にも良くありません。最近、私たちの社会は個人の健康と幸福を重要に考える社会に変わっています。みんなと一緒にお酒を飲むよりは、個人的な趣味活動をする人が増えています。

【問1】正解：③

①人口が一番多い　　　　　②一番健康な
③お酒を一番たくさん飲む　④ストレスが一番多い

Point 韓国人がお酒を好む理由と最近の社会の傾向を説明している文章。스트레스가 쌓인다고 한잔, 기분이 좋다고 한잔（ストレスがたまったといって一杯、気分がいいといって一杯）の ‐ㄴ다고、‐다고は、「～する／するからといって」「～だと／だからといって」のように理由や原因を表す表現です。

【問2】正解：③

①韓国の人たちはお酒がとても好きだ。
②韓国の人たちは人間関係を大事に考える。
③お酒をたくさん飲むと友達が増える。
④最近韓国では個人的な趣味活動をする人が増えている。

Point 文中、お酒を飲むと一緒に飲む人と「より親しくなれる」とありますが、「友達が増える」ということには言及していませんので、③は本文の内容と一致しません。

9

ユキ：今度の連休は何か計画がありますか？

スミ：私は小学校の友達に会うことにしました。一緒に食事をしながらお酒も一杯やろうと思います。久しぶりに会うので話したいこともたくさんあります。ユキさんは？

ユキ：私は日本にちょっと行ってこようと思います。

スミ：あ、そうなんですね。準備は終わっていますか？

ユキ：はい、飛行機のチケットは予約しました。でも、まだ両親と家族へのお土産を買っていません。お土産は何がいいですかね？

スミ：そうですね。いろんな種類のお茶があるので、お茶はどうでしょうか？

ユキ：いい考えですね。では、妹には何がいいですかね？

スミ：女性だから化粧品はどうでしょうか？　化粧品は種類も多いし、ユキさんは女性だから選ぶのは難しくないと思います。たぶん妹が喜ぶでしょう。

ユキ：本当にいい考えですね。ありがとうございます。

【問1】正解：②

①両親にあげる誕生日のプレゼント　②スミとユキの連休の計画
③人気のあるお土産　④化粧品の種類

【問2】正解：②

①スミは連休に小学校の友達に会う予定だ。
②スミは飛行機のチケットを予約した。
③ユキは連休に日本へ行ってくる予定だ
④ユキは家族へのお土産をまだ買っていない。

Point スミとユキの連休計画と、ユキが帰郷する際に必要なお土産について話している会話文です。

10　　　（　　　　　　　）自然や動物の写真を撮ることだ。なぜならば山と海のような自然や動物たちのかわいい姿が好きだからだ。それで週末や休日にはよく家族と一緒に写真を撮りに出掛ける。この間カメラを新しく買った。今日はそのカメラを持って家族と飼っている犬と一緒に公園に行った。週末なので、公園には人々がたくさんいた。天気はとても晴れていて、暑くも寒くもなかった。私たちは大きい木の下に座って、家で用意したお弁当を食べた。お弁当を食べた後、私たちは公園を散歩しながらあちこちで写真をたくさん撮った。大きい木も多く、きれいな花もいっぱい咲いていた。とても楽しい一日だった。

【問1】正解：③

①私の一日は　　②私の計画は　　③私の趣味は　　④私の夢は

【問2】正解：②

①私は自然や動物の写真を撮るのが好きだ。
②今日はお弁当を買って公園に行った。
③今日は公園に人々がたくさんいた。
④今日は天気が良かった。

11 正解：④

最近悩みが多くてつらいです。

Point 생각이 많다は直訳すると「考えが多い」で、考えるべきことが多い、つまり「悩みが多い」という表現になります。생각を使った表現にはこの他、생각을 돌리다(①思い直す、考え直す ②関心を払う)、생각이 없다(①〜したくない ②分別がない)、생각이 짧다(分別がない、考えが至らない、考えが甘い)などがあります。

12 正解：①

①日増しに　②一日が延びて　③日が落ちるように　④日が昇るように

Point 「日増しに成長しています」の韓国語訳は하루가 다르게 성장해요。하루가 다르게は、「毎日が違うように」で「日増しに」「日ごとに」という意味の慣用句です。성장하다(成長する)は、크다(大きくなる、成長する)に言い換えられます。

STEP
2

必ず押さえよう！
３級必修項目

3級必修項目 ❶ 한다体

　5級、4級での出題範囲であった**합니다**体と**해요**体（〜です、〜ます体）に加え、3級では「〜だ、〜である」の文体に当たる**한다**体が出題範囲に含まれます。**한다**体は親しい間柄で会話に使われるほか、書き言葉として新聞、雑誌、小説、論文などの文章で使われます。**한다**体の作り方は品詞によって異なりますので、以下の通り見ていきましょう。

한다体の作り方

1. 現在形

	語幹	한다体	例
動詞	母音語幹	語幹＋**ㄴ다**	**간다** 行く（**가**＋**ㄴ다**） **온다** 来る（**오**＋**ㄴ다**）
	子音語幹	語幹＋**는다**	**먹는다** 食べる（**먹**＋**는다**） **앉는다** 座る（**앉**＋**는다**）
	ㄹ語幹	語幹＋**ㄴ다** ※ㄹは落ちる	**만든다** 作る（**만들**＋**ㄴ다**） **논다** 遊ぶ（**놀**＋**ㄴ다**）
形容詞	母音語幹	語幹＋**다** ※ㄹは落ちない	**크다** 大きい（**크**＋**다**） **시다** すっぱい（**시**＋**다**）
	子音語幹		**작다** 小さい（**작**＋**다**） **시끄럽다** うるさい （**시끄럽**＋**다**）
	ㄹ語幹		**멀다** 遠い（**멀**＋**다**） **힘들다** つらい（**힘들**＋**다**）

存在詞 （있다、없다）	語幹＋**다**	**있다** ある、いる（**있**＋**다**）
		없다 ない、いない（**없**＋**다**）
指定詞 （이다、아니다）	語幹＋**다**	**선생님이다** 先生だ （**선생님이**＋**다**）
		학생이 아니다 学生ではない （**학생이 아니**＋**다**）

※形容詞、指定詞、存在詞の한다体は基本形と同じ形。指定詞이다は母音で終わる名詞の後で이が省略されることがあります。

여동생은 내일 캠핑을 간다. 妹は明日キャンプに行く。
주말에는 집에서 언니와 논다. 週末は家で姉と遊ぶ。
어제부터 날씨가 춥다. 昨日から寒い。
갖고 싶은 게 없다. 欲しい物がない。
몇 번이나 봤던 영화다. 何度も見た映画だ。

2. -았 / 었 / 였 -、-겠 -が付く形

過去形の - **았** / **었** / **였** - が付く形や、意志・推量・未来などを表す - **겠** - が付く形は、動詞や形容詞などの品詞に関わらず、全て**다**が付く。

이 병원에서 우리 딸이 태어났다. この病院でうちの娘が生まれた。
시험을 위해 열심히 공부했다. 試験のために一生懸命勉強した。
모든 것이 좋았다. 全てが良かった。
내일 비가 오겠다. 明日雨が降るだろう。
내가 데리러 가겠다. 私が迎えに行く。

3. 否定形

	語幹	否定形の**한다**体	例
動詞	母音語幹	-지 않는다	가지 않는다 行かない(**가**+**지 않는다**)
		안 - ㄴ다	안 간다 行かない(**안 가**+**ㄴ다**)
	子音語幹	-지 않는다	먹지 않는다 食べない(**먹**+**지 않는다**)
		안 - 는다	안 먹는다 食べない(**안 먹**+**는다**)
	ㄹ語幹	-지 않는다	살지 않는다 住まない(**살**+**지 않는다**)
		안 - ㄴ다 ※ㄹは落ちる	안 산다 住まない(**안 살**+**ㄴ다**)
形容詞	母音語幹 子音語幹 ㄹ語幹	-지 않다	크지 않다 大きくない(**크**+**지 않다**)
			춥지 않다 寒くない(**춥**+**지 않다**)
			멀지 않다 遠くない(**멀**+**지 않다**)
		안 - 다	안 크다 大きくない(**안 크**+**다**)
			안 춥다 寒くない(**안 춥**+**다**)
			안 멀다 遠くない(**안 멀**+**다**)

친구를 만나지 않는다(=안 만난다).　友達に会わない。

절대로 팔지 않는다(=안 판다).　絶対に売らない。

오늘은 어제보다는 춥지 않다(=안 춥다).　今日は昨日よりは寒くない。

그렇게 멀지 않다(=안 멀다).　そんなに遠くない。

引用形

「〜だそうです」「〜と言っている」など、見聞きしたことや他人の話を引用して表現する引用形の作り方を学習します。平叙文、疑問文、命令文、勧誘文の引用形をそれぞれ確認しましょう。また、これらの引用形を縮約した形も併せてマスターしてください。

		합니다体/해요体	縮約
平叙文を引用	名詞	+(이)라고 합니다(까?) +(이)라고 해요(?)	+(이)랍니다(까?) +(이)래요(?)
	動詞	+ㄴ/는다고 합니다(까?) +ㄴ/는다고 해요(?)	+ㄴ/는답니다(까?) +ㄴ/는대요(?)
	形容詞	+다고 합니다(까?) +다고 해요(?)	+답니다(까?) +대요(?)
	過去	+았/었/였다고 합니다(까?) +았/었/였다고 해요(?)	+았/었/였답니다(까?) +았/었/였대요(?)
疑問文を引用	動詞	+느냐고 합니다(까?) または+냐고 합니다(까?) +느냐고 해요(?) または+냐고 해요(?)	+느냡니다(까?) +냡니다(까?) +느냬요(?) +냬요(?)
	形容詞	+냐고 합니다(까?) +냐고 해요(?)	+냡니다(까?) +냬요(?)

命令文を引用	動詞	+(으)라고 합니다 (까?) +(으)라고 해요 (?) ※ㄹ語幹には으は付かない	+(으)랍니다 (까?) +(으)래요 (?) ※ㄹ語幹には으は付かない
勧誘文を引用	動詞	+자고 합니다 (까?) +자고 해요 (?)	+잡니다 (까?) +재요 (?)

引用形の例文

◆平叙文の引用

다음 주부터 여름 방학이라고 합니다.

来週から夏休みだそうです。

대학교 후배의 결혼식이 다음 주 일요일이래요. (일요일이라고 해요)

大学の後輩の結婚式が来週の日曜日だそうです。

여동생이 매운 음식을 못 먹는다고 합니다.

妹は辛い食べ物が食べられないそうです。

친구가 내일부터 한국으로 여행을 간대요. (간다고 해요)

友達が明日から韓国に旅行に行くそうです。

김 과장님이 이번에 승진을 하지 못하셨대요. (하지 못하셨다고 해요)

金課長は今回昇進できなかったそうです。

홋카이도가 도쿄보다 더 춥다고 합니다.

北海道が東京よりもっと寒いそうです。

집이 학교에서 아주 멀대요. (멀다고 해요)

学校から家がとても遠いそうです。

우리 언니가 한국 요리를 먹고 싶대요. (먹고 싶다고 해요)

うちの姉が韓国料理を食べたいそうです。

※먹다は動詞ですが먹고 싶다は形容詞として扱われます。

뉴스에 따르면 내일부터 더워진대요. (더워진다고 해요)

ニュースによると、明日から暑くなるそうです。

※덥다は形容詞ですが더워지다は動詞です。

◆疑問文の引用

친구가 나에게 왜 여행을 안 <u>가냐고</u> 합니다.

友達が私にどうして旅行に行かないのかと言っています。

용기를 내서 날 <u>좋아하냐고</u> 물어봤거든.

勇気を出して私のこと好きかって聞いてみたの。

선배가 나에게 내일 뭐 <u>하냐요</u>.(하냐고 해요)

先輩が私に、明日何をするのかと言っています。

언제 <u>끝나냐요</u>?(끝나냐고 해요?)

いつ終わるかと言っていますか？

◆命令文の引用

어머니가 아이에게 당근을 <u>먹으라고</u> 합니다.

お母さんが子どもににんじんを食べろと言います。

엄마가 여동생과 같이 <u>놀랬어요</u>.(놀라고 했어요)

母が妹と一緒に遊べと言いました。

선생님이 학생에게 교실 창문을 <u>열래요</u>.(열라고 해요)

先生が学生に教室の窓を開けろと言っています。

빨리 <u>오래</u>.(오라고 해)

早く来いって。

◆勧誘文の引用

모두들 시험이 끝나자 술을 마시러 <u>가자고</u> 합니다.

みんな試験が終わったらお酒を飲みに行こうと言っています。

고등학교 친구가 내일 영화 보러 긴자에 <u>가재요</u>.(가자고 해요)

高校の友達が明日映画を見に銀座へ行こうと言っています。

회사 선배가 같이 운동을 <u>시작하재요</u>.(시작하자고 해요)

会社の先輩が一緒に運動を始めようと言っています。

　3級レベルで学ぶべき発音変化は、以下の「ㄹの鼻音化」「単語間の連音化」「濃音化」です。

1. ㄹの鼻音化

①パッチム ㅁ、ㅇ の後に ㄹ が来ると、その ㄹ は [ㄴ] と発音される。

発音の変化	例
ㅁ + ㄹ ➡ ㅁ + ㄴ	**심리[심니]** 心理
ㅇ + ㄹ ➡ ㅇ + ㄴ	**정리[정니]** 整理 **정류장[정뉴장]** 停留所(停留場) **동료[동뇨]** 同僚 **대통령[대통녕]** 大統領 **명령[명녕]** 命令

②パッチム ㄱ、ㅂ の後に ㄹ が来ると、その ㄹ の発音が [ㄴ] に変わり、さらにその [ㄴ] により直前の ㄱ、ㅂ がそれぞれ鼻音 [ㅇ] [ㅁ] と発音される。

発音の変化	例
ㄱ + ㄹ ➡ ㄱ + ㄴ ➡ ㅇ + ㄴ	**독립**➡[**독닙**]➡[**동닙**] 独立
ㅂ + ㄹ ➡ ㅂ + ㄴ ➡ ㅁ + ㄴ	**법률**➡[**법눌**]➡[**범눌**] 法律

2. 単語間の連音化

①複合語や単語と単語が続く場合、前の単語のパッチムの後に이、야、여、요、유
以外の母音で始まる単語が続く場合は、前のパッチムがそのまま連音せず、
その代表音(単独で発音したときの音)が連音する。

몇 월 →[멷 + 월]→[며뒬]何月 **꽃 위** →[꼳 + 위]→[꼬뒤]花の上

※**첫인상**(第一印象)、**몇 인분**(何人分)は例外で、**첫**と**몇**のパッチムの代表音[ㄷ]
が連音して**첫인상**→[처딘상]、**몇 인분**→[며딘분]となります。

②否定の副詞**못**が母音で始まる後続の単語と結合する場合、パッチムㅅの代表音
[ㄷ]が連音する。

못 앉았다→[몯 + 안잗따] → [모단잗따] 座れなかった

못 와요→[몯 + 와요] → [모돠요] 来られません

못 외우다→[몯 + 외우다] → [모되우다] 覚えられない

못 울어요→[몯 + 우러요] → [모두러요] 泣けません

3. 濃音化

①漢字語において、終声ㄹ直後のㄷ、ㅅ、ㅈが濃音化する。

결석[결썩]欠席 **발달[발딸]**発達 **일생[일쌩]**一生 **일정[일쩡]**一定

출장[출짱]出張 **활동[활똥]**活動 **일단[일딴]**一旦

②漢字語において、例外的に濃音化するものがある。

인기[인끼]人気 **만점[만쩜]**満点 **문법[문뻡]**文法 **문자[문짜]**文字

성격[성껵]性格 **여권[여꿘]**旅券 **가능성[가능썽]**可能性

물가[물까]物価 **평가[평까]**評価 **사건[사껀]**事件 **조건[조껀]**条件

내과[내꽈]内科 **외과[외꽈]**外科 ※〜価、〜件、〜科⇒濃音化

③合成語において、後ろの語の平音が濃音化する場合がある。

거스름돈[거스름똔]釣り銭 **길거리[길꺼리]**街頭 **밤중[밤쭝]**夜中

산길[산낄]山道 **손등[손뜽]**手の甲 **손바닥[손빠닥]**手のひら

발바닥[발빠닥]足の裏 **술자리[술짜리]**飲み会 **술집[술찝]**飲み屋

用言の不規則活用 学習日（ ／ ）

ㅎ変格	語幹が**ㅎ**パッチムで終わる形容詞は、語幹の後ろに**으**で始まる語尾が続くとパッチム**ㅎ**が落ち、**아/어**で始まる語尾が続くと**ㅎ**が落ちて語幹末の母音が**애**になる。 例外：①**좋다**(良い)、**많다**(多い)は正格活用 ②**하얗다**(白い)は**아/어**で始まる語尾が続くと**ㅎ**が落ちて語語幹末の母音が**애**になる

어떻다(どうだ)+**으세요?** ➡ （ㅎが落ちる）**어떠**+**세요?** ➡ **어떠세요**(どうですか?)

그렇다(そうだ)+**아/어요** ➡ （ㅎが落ちる）**그러**+**어요** ➡ **그래요**(そうです)〔語幹末の母音は애に〕

하얗다(白い)+**아/어요** ➡ （ㅎが落ちる）**하야**+**어요** ➡ **하얘요**(白いです)〔語幹末の母音は애に〕

＊3級範囲に限る

■ 活用表

基本形	-(으)ㄴ	-아/어요	-아/어서
이렇다 こうだ	이런	이래요	이래서
저렇다 あのようだ	저런	저래요	저래서
하얗다 白い	하얀	하얘요	하얘서
노랗다 黄色い	노란	노래요	노래서
파랗다 青い	파란	파래요	파래서
빨갛다 赤い	빨간	빨개요	빨개서
까맣다 黒い	까만	까매요	까매서

| 러変格 | 語幹が르で終わる語幹の用言푸르다(青い)、이르다(着く、至る)、노르다(黄色い)、누르다(黄色い)は、아/어で始まる語尾が続くと語幹に러が加わる。※このうち3級レベルの単語は푸르다と이르다のみ。 |

러が加わる

푸르다(青い)＋**아/어요** ➡ **푸르러요**(青いです)

러が加わる

이르다(着く)＋**아/어요** ➡ **이르러요**(着きます)

■ 活用表

基本形	-(으)ㄴ	-아/어요	-아/어서
푸르다 青い	푸른	푸르러요	푸르러서
이르다 着く	이른	이르러요	이르러서

※「早い」という意味の**이르다**は르変格なので注意。

이르다 : 이른、일러요、일러서

学習日
(/)

3級レベルで習得すべき助詞の一覧です。例文と共に用法を理解しましょう。

助詞　　　　　　　　✓CHECK 1 2	例文
□□ 게 ＝에게(代名詞の내、네、제に付く) ①(人)～に ②(人)～から、～に(もらう)	①네게 전화하려고 했는데 바빠서 못 했어. 　君に電話しようとしたけど忙しくてできなかった。
□□ 게서 ＝에게서(代名詞の내、네、제に付く) (人)～から、～に(もらう)	네게서 전화 받고 놀랐어. 君から電話をもらって驚いた。
□□ 고 【-다/ㄴ다/는다/(이)라/느냐/냐/ 자/(으)라＋고の形で】～と	친구가 그 드라마 되게 재밌다고 했어요. 友達があのドラマとても面白いと言いました。
□□ (이)나 ①～でも ②～も ③～くらい ④【(이)나 (이)나の形で】～も～も、 　～でも～でも ⑤【고나 할까(요)、할까(요)の形で】 　～とでも言おうか／言いましょうか ⑥【(이)나 다름없다/같다/마찬가지 　다などの形で】～と同じだ	①같이 커피나 한잔 해요. 　一緒にコーヒーでも一杯飲みましょう。 ②영화가 재미있어서 네 번이나 봤어요. 　映画が面白くて4回も見ました。 ③집에서 학교까지 몇 분이나 걸려요? 　家から学校まで何分くらいかかりますか? ④일본 음식이나 한국 음식이나 다 괜찮아요. 　日本料理でも韓国料理でもどっちもいいです。 ⑥우리 사장님은 가족이나 다름없으세요. 　うちの社長は家族同然です。
□□ (이)나 ～や、～か	연필이나 볼펜으로 쓰세요. 鉛筆かボールペンで書いてください。

42

□□ 대로	①이번 일은 계획대로 잘 되고 있다.
	今回の仕事は計画通りうまくいっている。
①〜(の)通り、〜のまま ②〜なりに、〜で別々に	②사원들은 사원들대로 회사에 불만이 많은 모양이다.
	社員たちは社員たちなりに会社に不満が多いようだ。
□□ (이)든	①궁금한 게 있으면 언제든 물어보세요.
	気になることがあったらいつでも聞いてみてください。
①〜でも ②【(이)든 (이)든 (간에)の形で】〜でも〜でも、〜なり〜なり、〜か〜か	②밥이든 빵이든 뭔가 먹을 것 좀 주세요.
	ご飯でもパンでも何か食べる物を下さい。
□□ (이)든지	①누구든지 이 대회에 참가할 수 있어요.
	誰でもこの大会に参加できます。
①〜でも ②【(이)든지 (이)든지 (간에)の形で】〜でも〜でも、〜なり〜なり、〜か〜か ③【-다/ㄴ다/는다/(이)라/(으)라+든지の形で】〜(だ)とか	②당근이든지 양파든지 야채는 다 몸에 좋다.
	ニンジンでもタマネギでも、野菜は全部体にいい。
	③날씨가 좋다든지 나쁘다든지 이번 일과는 상관이 없다.
	天気が良いとか悪いとか、今回のこととは関係ない。
□□ (이)라고	①아들이라고 하나 있기는 한데 말을 안 들어서 걱정이에요.
	息子が1人いるが、言うことを聞かなくて心配です。
①〜だと言うが、〜というものが ②〜だからと言って、〜と言えども、〜だとて ③【疑問詞などに付いて否定表現と共に】〜も(〜ない) ④【(이)라고는、(이)라곤の形で】〜なんて、〜は	②선생님이라고 다 아는 건 아니죠.
	先生だからと言って全て知っているわけではないです。
	④수영이라고는 해 본 적이 없어요.
	水泳なんてやってみたことがありません。
□□ (이)라야(만)	아이들은 선생님이라야 말을 들어요.
〜であって初めて、〜でなければ〜しない	子どもたちは先生でなければ言うことを聞きません。

□□ **(이)란** ①~という ②~とは、~と言うものは	①**세계에서 온 선수들이 올림픽이란 경기로 하나가 되었다.** 世界から来た選手がオリンピックという競技で一つになった。 ②**행복이란 작은 일에서 시작된다.** 幸せというものはささいなことから始まる。
□□ **(이)랑** ①~とか、~や ②~と	①**구두랑 옷이랑 사고 싶은 게 너무 많아요.** 靴とか服とか買いたい物がとても多いです。 ②**저는 남동생이랑 별로 사이가 안 좋아요.** 私は弟とあまり仲が良くありません。
□□ **(으)로서** ①~として、~にとって※資格・立場 ②【時間を表す名詞と共に用いられ】~で、 　~では、~は ③~であって、~で	①**유학생으로서 일본에 온 지 3년 됐어요.** 留学生として日本に来てから3年たちました。 ②**지금으로서는 뭐라고 드릴 말씀이 없습니다.** 今は何とも申し上げられません。 ③**이 사람은 새로 들어온 선생님으로서 미국 사람이에요.** この人は新しく入ってきた英語の先生で、アメリカ人です。
□□ **(으)로써** ①~で、~でもって、~を使って 　※道具・手段 ②~によって、~から※根拠 ③~で、~では、~をもって※終了など	①**옛날에는 돌로써 도구를 만들었다.** 昔は石で道具を作った。 ②**이번 사건으로써 이곳이 유명해졌다.** 今回の事件によってここが有名になった。 ③**이것으로써 회의를 마치겠습니다.** これで会議を終わります。
□□ **마다** ~(の)度に、~ごとに	**날마다 집 근처에서 운동을 해요.** 毎日家の近くで運動をします。
□□ **(이)면** ~なら、~という(~は)	**내일이면 시험 결과를 알 수 있어요.** 明日なら試験結果が分かります。

□□ **뿐** ①~のみ、~だけ ②【뿐만 아니라の形で】~のみならず、 　~だけでなく	①**나를 이해해 주는 건 너뿐이야.** 僕を理解してくれるのは君だけだ。
□□ **(이)서** 【둘이서などの形で】~人で	**지난달에 둘이서 같이 여행을 다녀왔어요.** 先月2人で一緒に旅行に行ってきました。
□□ **(이)야** ①~(だけ)は、~こそ ②【까지/보다/에/에서/(으)로서/ 　은/는+야で】~までは、~よりは、~ 　には	①**사람이야 좋지만 환경이 안 좋아요.** 人はいいが、環境が良くないです。 ②**친구로서야 좋지만 애인 하고 싶지는 않아요.** 友達としてはいいが、恋人にしたくはありません。
□□ **(이)야말로** ~こそまさに、~ぞ	**선배야말로 말 조심하세요.** 先輩こそ言葉に気を付けてください。
□□ **에게다(가)** 　　　[類]**한테다(가)** (人・動物)~に(あげる) ※書き言葉的 [縮]게다(가)	**선배에게다 메일을 보냈어요.** 先輩にメールを送りました。
□□ **에게서부터** 　　　[類]**한테서부터** (人・動物)~から ※書き言葉的 [縮]게서부터	**동료에게서부터 받은 편지예요.** 同僚からもらった手紙です。
□□ **에다(가)** ①~に(入れる、あげる) ②~に、~に加えて	①**내 손바닥에다 메모를 남겨 주세요.** 私の手のひらにメモを残してください。 ②**1에다 5를 더하면 6이 된다.** 1に5を足すと6になる。
□□ **에서처럼** ~でのように	**오키나와에서처럼 매일 수영하고 싶어요.** 沖縄でのように毎日泳ぎたいです。

□□ (이) 자 ~であると同時に、~でもあり	**저는 배우<u>이자</u> 한 아이의 엄마예요.** 私は俳優であると同時に一児の母です。
□□ 한테다 (가) 　[類] 에게다 (가) (人・動物)~に (上げる) ※話し言葉的 [縮] 에게다 (가)	**오랫동안 사촌<u>한테다가</u> 연락을 안 했어요.** しばらくいとこに連絡をしていないです。
□□ 한테서부터 　[類] 에게서부터 (人・動物)~から※話し言葉的 [縮] 에게서부터	**친척<u>한테서부터</u> 결혼식에 초대를 받았어요.** 親戚から結婚式に招待されました。

3級レベルで習得すべき語尾の一覧です。例文を覚えながら用法をしっかり理解しましょう。

語尾 ✓CHECK ① ②	例文
□□ **-거나** ①〜するとか／だとか ②〜したり、だったり ③〜しようが／であろうが	②**주말에는 친구를 만나거나 등산을 가요.** 週末は友達に会ったり登山に行ったりします。 ③**내가 뭘 하거나 너하고 무슨 상관이 있어.** 僕が何をしようが君とは関係ないよ。
□□ **-건** 〜しようが／であろうが	**내가 공부를 하건 말건 상관하지 마세요.** 私が勉強をしようがしまいが、干渉しないでください。
□□ **-게** 〜するように、〜く、〜に	**모두가 알아들을 수 있게 얘기해 주세요.** みんなが分かるように話してください。 **마당을 깨끗하게 청소했어요.** 庭をきれいに掃除しました。
□□ **-군 (요)** 〜(だ)なあ、〜(だ)ね	**이곳은 경치가 정말 아름답군요.** ここは景色が本当にきれいですね。
□□ **-기** 〜すること、〜であること ※用言を名詞化したり名詞節を作る	**제 취미는 사진 찍기하고 요리하기예요.** 私の趣味は、写真を撮ることと料理することです。 **외국어는 읽기, 쓰기, 듣기 모두 중요해요.** 外国語は読み、書き、聞き取り全て重要です。
□□ **-(으)ㄴ/는가 (요)?** 〜か？、〜するのか／なのか？	**그곳은 요즘 추운가요? 더운가요?** そこは最近寒いですか？ 暑いですか？

□□ - ㄴ / 는다 〜する	**주말마다 도서관에 간다.** 毎週末図書館に行く。
□□ - ㄴ / 는다고 , - 다고 〜すると、〜(だ)と	**친구는 매일 아침 사과를 먹는다고 해요.** 友達は毎朝リンゴを食べるそうです。 **이번 시험은 지난번보다 간단하다고 들었어요.** 今回の試験は前回より簡単だと聞きました。
□□ - ㄴ / 는다고 (요)?, - 다고 (요)? 〜するんだって?、〜(だ)って?	**내일 가족과 함께 여행을 간다고?** 明日家族と一緒に旅行に行くんだって? **한국은 봄이지만 아직 춥다고요?** 韓国は春だけどまだ寒いんですって?
□□ - ㄴ / 는다면 , - 다면 ①〜(する)と言うなら、〜(だ)と言うなら ②〜(する)なら、〜なら	①**그렇게 급하다면 먼저 가도 괜찮아요.** そんなに急いでいるんだったら先に行ってもいいです。 ②**나가사키에 간다면 짬뽕을 먹고 싶어요.** 長崎に行くならばちゃんぽんを食べたいです。
□□ - ㄴ / 는답니까?, - 답니까? 〜すると言うのですか?、〜(だ)と言うのですか?	**등산은 내일 비가 오면 취소한답니까?** 登山は明日雨が降ったら取り消すと言っていますか? **합격한 친구들이 부럽답니까?** 合格した友達がうらやましいと言っていますか?
□□ - ㄴ / 는답니다 , - 답니다 〜するそうです、〜(だ)そうです	**올해는 봄 방학을 일찍 시작한답니다.** 今年は春休みが早く始まるそうです。 **내일은 날씨가 많이 춥답니다.** 明日はとても寒いそうです。
□□ - ㄴ / 는대 (요)(?), - 대 (요)? 〜するんだって(?)、〜(な)んだって(?)	**이번 발표는 누가 한대?** 今回の発表は誰がするんだって? **그 영화가 그렇게 무섭대?** あの映画がそんなに怖いんだって?

□□ -(으)ㄴ/는데 ~するのに／なのに、~するが／だが、 ~するけれど／だけれど	**오늘 너무 추운데 내일 가면 안 돼요?** 今日とても寒いけど、明日行ったら駄目ですか？ **운동은 잘하는데 공부를 못해요.** 運動はできるが、勉強ができません。
□□ -(으)ㄴ/는데(요)? ①~するけど／だけど(?) ②~するよ／だよ、~するなあ／だなあ 　※感嘆	**①어디 다녀왔어? 손이 너무 차가운데?** 　どこに行ってきたの？　手がとても冷たいけど？ **②이 영화 너무 슬픈데.** 　この映画とても悲しいなあ。 **②생각보다 노래를 너무 잘 부르는데요.** 　思ったより歌がとても上手ですね。
□□ -(으)ㄴ/는지 ~(する)か、~(する)かどうか、~する のか／なのか	**어떤 것이 좋은지 모르겠네요.** どんな物がいいのか分かりませんね。 **졸업한 친구들이 지금 어떻게 사는지 정말 궁금해요.** 卒業した友達が今どう暮らしているか本当に気 になります。
□□ -(으)ㄴ/는지(요)? ~するのだろうか／なのだろうか？	**그 가수가 지금도 좋은지요?** あの歌手が今も好きなんでしょうか？ **요즘도 집안일을 전혀 안 하는지요?** 最近も家事を全然しないのでしょうか？
□□ -나(요)? ~(する)か、~するのか／なのか	**사장님이 안 계시면 누가 지시하나요?** 社長がいなかったら誰が指示するんですか？
□□ -냐고 ~するのかと／なのかと	**시장하냐고 해서 그렇다고 했어요.** おなかがすいているのかと言うので、そうだと言 いました。
□□ -냐고(요)(?) ~するのかって／なのかって(?)	**어디에 가냐고요? 그건 비밀이에요.** どこに行くのかって？　それは内緒です。

3級必修項目

49

□□ -냐면 〜するのかというと／なのかというと	**무슨 요리를 좋아하냐면 매운 게 좋아요.** どんな料理が好きかというと辛いのが好きです。
□□ -느냐고 〜するのかと	**언제 만나느냐고 매일 전화 와요.** いつ会うのかと毎日電話が来ます。
□□ -느냐고 (요)(?) 〜するのかって(?)	**몇 시에 모이느냐고요? 오후 2시요.** 何時に集まるかですって？　午後2時です。
□□ -느냐면 〜するのかというと	**왜 가느냐면 옛날 친구를 보고 싶어서예요.** なぜ行くのかというと昔の友達に会いたいからです。
□□ -는군 (요) 〜するね、〜するなあ	**고기를 정말 좋아하는군요.** 肉がとても好きなんですね。
□□ -(으)니 ①〜するから／だから、〜するので／なので ②〜すると、〜したら	**①오늘은 바쁘니 내일 갑시다.** 　今日は忙しいから明日行きましょう。 **②아침에 일어나니 눈이 왔어요.** 　朝起きたら雪が降っていました。
□□ -다 (가) 〜しかけて、〜な／の状態の途中で※ ある動作・状態の途中で他の動作・状態 への移行	**숙제를 하다가 친구가 와서 같이 놀았어요.** 宿題をしていたら友達が来て一緒に遊びました。
□□ -다 〜だ、〜である	**이 사람은 배우가 아니라 가수다.** この人は俳優ではなく歌手だ。
□□ -다가는 ①〜しかけて、〜(な／の)状態の途中で 　※ -다가の強調 ②〜していては、〜(な／の)状態では	**②그렇게 과속 운전을 하다가는 경찰에게** 　**잡힐 거예요.** 　そんなにスピード違反していたら、警察に捕まりますよ。

□□ -다가도	서로 싸우다가도 금방 같이 놀아요.
～していても、～くても、～(で)も	お互いけんかしていても、すぐ一緒に遊びます。
□□ -던	①깨끗하던 강물이 요새 더러워졌어요.
	きれいだった川の水が最近汚くなりました。
①～だった～、～かった～ ②～していた～※過去連体形を作る	②거기는 친구들이랑 자주 가던 가게예요.
	あそこは友達とよく行っていた店です。
□□ -도록	①어제는 밤새도록 시험 공부를 했어요.
	昨日は徹夜で(夜が明けるまで)試験勉強をしました。
①～するまで／なまで、～するほど／なほど ②～するように／なように	②앞으로는 지각하지 않도록 주의합시다.
	これからは遅刻しないように注意しましょう。
□□ -든	네가 가든 말든 나하고는 상관없는 일이야.
～しようが／だろうが ※ -든지の縮約形	君が行こうが行くまいが僕とは関係ないことだ。
□□ -든지	①주말에는 집에서 자든지 친구를 만나요.
	週末は家で寝るか友達に会います。
①～とか ②～しようが／だろうが	②네가 무엇을 하든지 항상 응원할게.
	君が何をしようがいつも応援するよ。
□□ -듯(이)	여동생이 노래하듯이 책을 읽었어요.
(あたかも)～するかのように／であるかのように	妹が歌を歌うように本を読みました。
□□ -(으)ㄹ래(요)?	뭐 먹을래?
～する(?)	何を食べる?
□□ -(으)ㄹ지	영화를 볼지 연극을 볼지 고민하고 있어요.
～するか／であるか、～するのか／であるのか	映画を見るか演劇を見るか悩んでいます。
□□ -(으)ㄹ지(요)?	후배가 정말 올지?
～(する)だろうか?	後輩は本当に来るだろうか?

□□ -(으)라고 ~しろと	다음 주까지 이 책을 다 읽으라고 했어요. 来週までにこの本を全部読むようにと言いました。
□□ -(으)라고(요)(?) ~しろって(?)	내일까지 이걸 다 하라고? 明日までにこれを全部やれって?
□□ ~(이)라고(요)(?) ~だって(?)	네 친구가 아니라 언니라고? 君の友達じゃなくてお姉さんだって?
□□ ~(이)라면 ①~だと言うなら ②~なら	②내가 그 사람이라면 그런 말은 하지 않겠다. 　私がその人ならそんなことは言わない。
□□ ~(이)라야 ~であって初めて、~であってこそ	가족이라야 이해해 줄 수 있을 거예요. 家族じゃないと理解できないと思います。
□□ ~(이)라야겠- ~であらねば	이제부터는 착한 딸이라야겠다. これからはいい娘でいなきゃ。
□□ ~(이)라야만 ~であって初めて、~であってこそ ※-라야の強調	친구라야만 해 줄 수 있는 얘기예요. 友達じゃないと言ってあげられない話です。
□□ ~(이)라야지(요) ~でなければならない	출발하려면 지금이라야지요. 出発するなら今でなければなりません。
□□ ~(이)랍니까? ~だと言うのですか?	자기가 가수랍니까? 自分が歌手だと言うのですか?
□□ ~(이)랍니다 ~だそうです	네, 자기는 가수랍니다. はい、自分は歌手だそうです。

□□ ~(이) 래 (요)(?) ~なんだって(?)	둘이 형제래요? ２人は兄弟なんですって？
□□ -(으) ㅁ ~すること／であること ※用言を名詞化する	친구에게 장갑을 선물함. 友達に手袋をプレゼント。 인생에는 기쁨도 슬픔도 있다. 人生には喜びも悲しみもある。
□□ -(으) 며 ①~するし／だし ②~しながら／でありながら	①이 배우는 연기도 잘하며 성격도 좋다. この俳優は演技も上手で性格もいい。 ②음악을 들으며 공부를 한다. 音楽を聞きながら勉強をする。
□□ -(으) 면서 ①~しながら／でありながら ②~するのに／であるのに	①티비를 보면서 청소를 했어요. テレビを見ながら掃除をしました。 ②여자 친구가 있으면서 다른 여자를 만난대. 彼女がいるのに他の女性と会ってるんだって。
□□ -(으) 십시다 ~しましょう	다 같이 가십시다. みんなで一緒に行きましょう。
□□ -아 / 어 / 여야 ~して／であって初めて、 ~して／であってこそ	열심히 공부를 해야 합격하지요. 一生懸命勉強をしないと合格できません。
□□ -아 / 어 / 여야겠- ~せねば、~であらねば、~しなければ、 ~でなければ	지금 가 봐야겠어. 今行ってみなきゃ。
□□ -아 / 어 / 여야만 ~して／であって初めて、~して／で あってこそ※-아/어/여야の強調	이 시험에 합격해야만 유학을 갈 수 있다. この試験に合格しないと留学に行けない。

□□ -아/어/여야지 (요) 〜しなければならない／でなければならない	합격하려면 열심히 공부를 해야지요. 合格したければ一生懸命勉強しなければなりません。
□□ -았/었/였다 (가) ①〜してから ②〜だったが、〜かったが	①아까 갔다가 인사만 하고 왔어요. さっき行って、あいさつだけしてきました。
□□ -았/었/였다가는 ①〜してから、〜しては ②〜したら※良くない結果を予想して	②그런 말 했다가는 언니가 화낼 거예요. そんなこと言ったら姉が怒ると思います。
□□ -았/었/였다가도 (かつて、一時)〜しても／であっても、 〜したとしても／だったとしても	화를 냈다가도 금방 괜찮아져요. 腹を立ててもすぐ平気になります。
□□ -았/었/였다면 〜したなら／〜だったなら	아랫사람에게 화를 냈다면 먼저 사과하세요. 目下の人に腹を立てたなら、先に謝ってください。
□□ -았/었/였던 〜していた〜 ※動詞・存在詞の過去形をつくる	전에 남편과 함께 갔던 곳이에요. 前に夫と一緒に行った所です。
□□ -았/었/였었 - 〜した／だった※過去完了	전에는 고기를 먹었었지만 지금은 못 먹는다. 前は肉を食べていたが、今は食べられない。
□□ -았/었/였으면 〜したならば／だったならば	손님이 안 왔으면 회사로 돌아오세요. お客さんが来なかったら、会社に戻ってきてください。
□□ -았/었/였을 〜したであろう／だったであろう〜 ※過去のことを推量する連体形を作る	아마 회의는 끝났을 거예요. おそらく会議は終わっていると思います。
□□ -자 〜するや(否や)、〜するとすぐに	버스에서 내리자 눈이 오기 시작했다. バスを降りるとすぐに雪が降り始めた。

□□ −자고 〜しようと	친구한테서 같이 콘서트에 가<u>자고</u> 전화 왔어요. 友達から一緒にコンサートに行こうと電話が来ました。
□□ −자고 (요)(?) 〜しようって(?)	뭐? 내일 비가 와도 등산을 가<u>자고</u>? 何？　明日雨が降っても登山に行こうって？
□□ −자마자 〜するや否や、〜するとすぐ、 〜するなり	집에 오<u>자마자</u> 친구 집에 놀러 갔어요. 家に帰るや否や友達の家に遊びに行きました。
□□ −자면 〜しようとすれば、〜しようとするなら、 〜しようと思えば、〜すると	합격하<u>자면</u> 노력밖에 없어요. 合格しようとするなら努力するしかありません。

3級レベルで重要な表現を抜粋しました。用法、意味を確認してください。

表現　　　　　✓CHECK ☐1 ☐2	例文
□□ -거나 -거나 ①～(する)か～(する)か、～(する)とか ～(する)とか ②【-거나 -거나 (하다)の形で】～したり ／だったり、～したり／だったり(する) ③【-거나 -거나 (간에)の形で】～しようと ／であろうと～しようと／であろうと、 ～であれ～であれ、～しても／であって も～しても／であっても	①내일은 아마 집에 있<u>거나</u> 온천에 갈 거예요. 　明日はたぶん家にいるか温泉に行くと思います。 ②운동을 하<u>거나</u> 도서관에 가<u>거나</u> 해요. 　運動をしたり図書館に行ったりします。 ③내가 여행을 가<u>거나</u> 말<u>거나</u> 상관하지 마. 　私が旅行に行こうが行くまいが構うな。
□□ -거나 말거나 ～しようと(～)しまいと、 ～であろうが(～で)なかろうが	내가 얘기를 하<u>거나</u> 말<u>거나</u> 게임만 하고 있다. 　私が話をしようとしまいとゲームばかりしている。
□□ -게 되다 ～するようになる、～することになる	다음 주에 해외로 출장을 가<u>게</u> 되었다. 　来週海外へ出張に行くことになった。
□□ -게 하다 ①～させる＜主に動詞・있다＞ ②～にする、～くする＜主に形容詞＞	①아이에게 야채를 먹<u>게</u> 했다. 　子どもに野菜を食べさせた。 ②손님들에게 좀 더 친절하<u>게</u> 하세요. 　お客さんたちにもう少し親切にしてください。
□□ -고 -고 (하다) ～したり～したり(する)	이 시장에서 많은 상품을 사<u>고</u> 팔<u>고</u> 해요. 　この市場でたくさんの商品を買ったり売ったりし ています。
□□ -고 -(으)ㄴ 【同じ形容詞を重ねて連体形で用いられ】 非常に～な／い	착하<u>고</u> 착<u>한</u> 우리 아이가 화를 냈어요. 　とても優しいうちの子が怒りました。
□□ -고 -(으)ㄴ/는 【同じ動詞を重ねて連体形で用いられ】そ の動詞が表す動作が繰り返し行われたこ とを強調する	고민하<u>고</u> 고민<u>한</u> 끝에 유학을 가기로 결정했 어요. 　悩みに悩んだ末、留学に行くことに決めました。

□□ -고 다니다 ①〜して通う ②〜して回る、〜して歩き回る	**①아침마다 학교까지 아빠 차를 타고 다닌다.** 毎朝学校まで父の車に乗って通っている。 **②이 시간까지 뭐하고 다닌 거야?** この時間まで何をして歩き回っていたんだ?
□□ -고 보니(까) ①〜してみると、〜してみたら、〜したところ<動詞・있다> ②〜なので<形容詞・指定詞>	**①자세히 듣고 보니까 이해가 가네.** 詳しく聞いてみたら理解できるね。 **②요즘 춥고 보니까 운동하는 사람이 적다.** 最近寒いので運動をする人が少ない。
□□ -고 보면 〜してみると、〜してみたら	**직접 하고 보면 이해가 빠를 거예요.** 自分でやってみると理解が早いと思います。
□□ -기(가) -다 【-기の後に形容詞を伴い】 〜することが〜だ、〜するのが〜だ	**요즘은 모르는 사람하고 이야기하기가 무서워요.** 最近は知らない人と話をするのが怖いです。
□□ -기(가) 쉽다 ①〜するのが容易だ、〜しやすい ②〜しがちだ、〜しやすい	**②틀리기 쉬운 문제니까 꼭 외우세요.** 間違いやすい問題なので、必ず覚えてください。
□□ -기(가) 어렵다 ①〜するのが難しい、〜しにくい ②〜しがたい、〜しにくい	**①읽기 어려운 한자가 있으면 질문하세요.** 読みづらい漢字があったら質問してください。
□□ -기는 -다 【同じ用言を繰り返して】 ①〜することは〜する、〜するには〜する、〜しはする<動詞・있다> ②〜(な)ことは〜だ、〜ではある<形容詞・指定詞>	**①레몬은 먹기는(먹긴) 먹지만 좋아하지는 않아요.** レモンは食べることは食べるけど、好きではありません。
□□ -기는(요) 〜するなんて/だなんて、〜したなんて/だったなんて、〜なんてしてないよ、〜なことないよ	**요리를 잘하기는요.** 料理が上手だなんて、とんでもないです。
□□ -기는 하다 ①〜することは〜する、〜するには〜する、〜しはする<動詞・있다> ②〜(な)ことは〜だ、〜ではある<形容詞・指定詞>	**①영화를 보기는 하지만 자주 보는 건 아니다.** 映画を見ることは見るけど、よく見るわけではない。

□□ -기도 하다 ①~することもある、~したり(も)する 　<動詞·있다> ②~でもある<形容詞·指定詞>	①가끔은 제가 요리를 <u>하기도</u> 하지만 맛있진 않아요. 　たまには私が料理をすることもあるが、おいし 　くはないです。
□□ -기로 하다 ~することにする	이번 주는 바빠서 다음 주에 <u>만나기로</u> 했어요. 今週は忙しくて来週会うことにしました。
□□ -기(를) 바라다 ~(する/である)ことを願う	이번 시험에 꼭 <u>합격하기를</u> 바래요. 今回の試験に必ず合格することを願います。
□□ -기 시작하다 ~し始める	집에 오자마자 게임을 <u>하기 시작</u>했어요. 家に帰るや否やゲームをし始めました。
□□ -기에는 ~する(の)には	걸어서 <u>가기에는</u> 너무 멀어요. 歩いて行くには遠すぎます。
□□ -기에 따라(서) ~しようによって、~いかんによって	생각<u>하기에 따라서</u> 많은 것들이 바뀔 것이다. 考えようによって、多くのことが変わるだろう。
□□ -기에 앞서(서) ~するのに先立って	일을 시작<u>하기에 앞서</u> 주의점에 대해 이야기 하겠습니다. 仕事を始めるのに先立って注意点について話し ます。
□□ -기 위해(서)/위하여 ~するために、~すべく<動詞·있다>	성공<u>하기 위해서</u> 열심히 노력해 왔어요. 成功するために一生懸命努力してきました。
□□ -(으)ㄴ가 보다 ~(の)ようだ、~みたいだ <形容詞·指定詞>	걸어 다니는 사람들을 보니 밖이 많이 <u>추운가</u> <u>보네요.</u> 歩いている人たちを見ると、外は結構寒いよう ですね。
□□ -(으)ㄴ/는 걸 보면 ①~する/したのを見ると、~する/した 　ことからして<動詞> ②~であるのを見ると、~であることから 　して<形容詞·指定詞>	①오늘 안 온 <u>걸 보면</u> 일이 많이 바쁜가 봐요. 　今日来なかったのを見ると仕事がとても忙し 　いようです。

□□ -(으)ㄴ/는 것 같다 ①〜する／したようだ、〜する／したみたいだ、〜する／した気がする＜動詞・있다＞ ②〜(である)ようだ、〜みたいだ、〜(の)ような気がする＜形容詞・指定詞＞	**②친구 얼굴을 보니 아픈 것 같아요.** 友達の顔を見たら具合が悪いみたいです。
□□ -(으)ㄴ/는 것이다 ①〜する／したのだ＜動詞・있다＞ ②〜なのだ、〜(な)ものである 　＜形容詞・指定詞＞	**①이 숙제 누가 한 건가요?** この宿題誰がしたものですか?
□□ -(으)ㄴ 경우(에) ①〜する／した場合(に)＜動詞・있다＞ ②〜である場合(に)＜形容詞・指定詞＞	**②가고 싶지 않은 경우 저한테 연락주세요.** 行きたくない場合、私に連絡ください。
□□ -(으)ㄴ 나머지 ①〜したあまり、〜した揚げ句＜動詞＞ ②〜のあまり＜形容詞＞	**①너무 화가 난 나머지 남동생을 때렸어요.** あまりにも腹が立ったので弟を殴りました。
□□ -ㄴ/는다고 그러다, 　　-다고 그러다 ①〜すると言う、〜するそうだ＜動詞＞ ②〜と言う、〜だそうだ＜形容詞・存在詞＞	**①내일 오후부터 비가 온다고 그래요.** 明日午後から雨が降るそうです。
□□ -ㄴ/는다고 보다,-다고 보다 ①〜すると思う／見なす＜動詞＞ ②〜と思う／見なす＜形容詞・存在詞＞	**①그 정도면 시험 잘 봤다고 봐요.** その程度なら試験はよく出来た方だと思います。
□□ -ㄴ/는다고 하다,-다고 하다 ①〜すると言う、〜するそうだ＜動詞＞ ②〜だと言う、〜だそうだ＜形容詞・存在詞＞	**②형제가 아주 사이가 좋다고 해요.** 兄弟がとても仲がいいそうです。
□□ -ㄴ/는다 해도,-다 해도 〜(する)としても	**지금 간다 해도 늦을 거예요.** 今行くとしても間に合わないと思います。
□□ -(으)ㄴ/는 대로 ①〜する／した通り、〜する／したままに、〜する／したように、〜する／した分だけ＜動詞・있다＞ ②〜し次第、〜したらすぐに、〜したらことごとく＜動詞＞ ③〜なりに＜形容詞＞	**①약속한 대로 오늘까지 이 일을 끝내 주세요.** 約束した通り今日までにこの仕事を終わらせてください。 **②서류를 받는 대로 전화할게요.** 書類を受け取り次第、電話します。

3級必修項目

□□ ~은/는 ~대로 【同じ体言を繰り返して】 ~は~なりに、~は~で	후배는 후배대로 생각이 있는 것 같아요. 後輩は後輩なりに考えがあるようです。
□□ -(으)ㄴ/는 대신(에) ①~する/した代わりに<動詞・있다> ②~(である)代わりに<形容詞・指定詞>	①여동생의 케이크를 먹은 대신에 숙제를 해 주었어요. 妹のケーキを食べた代わりに宿題をしてあ げました。
□□ -(으)ㄴ 덕분에/덕분이다 ①~したおかげで/おかげだ<動詞> ②~であるおかげで/おかげだ 　　<形容詞・指定詞>	①여러분이 도와주신 덕분에 합격했어요. 皆さんが手助けしてくれたおかげで合格し ました。
□□ -(으)ㄴ데도 ~(である)のに<形容詞・指定詞>	이 가방 비싼데도 마음에 들어서 사 버렸다. このかばん高いのに気に入ったので買っちゃった。
□□ -(으)ㄴ/는 동시에 ①~する/したと同時に<動詞> ②~であると同時に<形容詞・指定詞>	①친구는 대학교를 졸업한 동시에 결혼했다. 友達は大学を卒業したと同時に結婚した。
□□ -(으)ㄴ/는 듯(이) ①~する/したように、~する/したかの 　ように<動詞> ②(あたかも)~~(である)かのように、 　~そうに<形容詞・指定詞>	①여동생은 자기가 가수인 듯이 노래를 불렀 다. 妹は自分が歌手であるかのように歌を歌った。
□□ -(으)ㄴ/는 모양이다 ①~する/したようだ、~する/したみた 　いだ<動詞> ②~(である)ようだ、~そうだ、~(である) 　みたいだ、~らしい<形容詞・指定詞>	①어젯밤에 눈이 온 모양이네요. 昨晩雪が降ったようですね。
□□ ~은/는 물론(이고) ~はもちろん(のこと)	아이들은 물론이고 어른들에게도 인기 있는 배우예요. 子どもはもちろん大人たちにも人気がある俳優 です。
□□ -(으)ㄴ/는 반면(에) ①~する/した反面、~する/した一方 　<動詞> ②~(である)反面、~(である)一方 　<形容詞・指定詞>	①남동생은 공부를 잘하는 반면 운동을 못해 요. 弟は勉強ができる反面、運動がダメです。

□□ -(으)ㄴ 이래(로) ～して以来＜動詞＞	이 학교에 입학한 이래로 한 번도 지각한 적이 없어요. この学校に入学して以来一度も遅刻したことがありません。
□□ -(으)ㄴ 일도 아니잖아요 ①～したわけでもないじゃないですか 　＜動詞＞ ②～な／であることでもないじゃないで 　すか＜形容詞・指定詞＞	②그렇게 힘든 일도 아니잖아요. 　そんなにつらいことでもないじゃないですか。
□□ -(으)ㄴ 적(이) 있다/없다 ～したことがある／ない＜動詞＞	그 사람은 한 번 만난 적이 있어요. あの人は一度会ったことがあります。
□□ -(으)ㄴ 지 ～してから、～して以降、～して以来 ＜動詞＞	여기에 온 지 벌써 2년이 됐어요. ここに来てからもう2年がたちました。
□□ -(으)ㄴ 편이다 ～な方だ＜形容詞＞	이 곳은 교통이 편리한 편이에요. ここは交通が便利な方です。
□□ ～(이)나/(이)라도 　　-(으)ㄴ 것처럼/듯(이) ～でも～したかのように	자기가 가수라도 된 것처럼 사람들 앞에서 노래를 불렀어요. 自分が歌手にでもなったかのように人々の前で歌を歌いました。
□□ ～(이)나 ～(이)나 ～も～も、～でも～でも	영화나 연극이나 어느 쪽이든 괜찮아요. 映画でも演劇でもどっちもいいです。
□□ ～(이)나 다름없다/같다/ 　　마찬가지다 ～も同然だ、～も同様だ、～と同じだ	이 분은 가족이나 다름없어요. この方は家族も同然です。
□□ -나 보다 ～するようだ、～するみたいだ ＜動詞・存在詞＞	지금 밖에 비가 오나 보네요. 今外で雨が降っているようですね。

□□ -는 길(에) 【가다, 오다などに付いて】〜する道(に／で)、〜するついで(に)、〜する途中(に／で)	집에 가는 길에 고등학교 때 친구를 만났다. 家に帰る途中に高校時代の友達に会った。
□□ -는 김에 〜するついでに	편의점에 가는 김에 우유도 부탁해요. コンビニに行くついでに牛乳もお願いします。
□□ -는 도중(에) 〜する途中(に／で)、〜している途中(に／で)	공부하는 도중에 게임을 하지 마세요. 勉強している途中にゲームをしないでください。
□□ -는 동안(에) 〜する間(に)、〜している間(に)	사회 생활을 하는 동안에 어른이 된 것 같다. 社会生活をしている間に大人になったようだ。
□□ -는 수밖에 없다 〜するしかない、〜するほかない、〜するのは避けられない＜動詞・있다＞	시험 대신에 과제를 하는 수밖에 없다. 試験の代わりに課題をやるしかない。
□□ -는 한 〜する／している限り＜動詞・存在詞＞	그 사람이 있는 한 시합에서 이길 수가 없다. あの人がいる限り試合で勝てない。
□□ -다(가) -다(가) 하다 〜したり〜したりする＜主に動詞＞	왔다 갔다 하지 말고 가만히 있어. 行ったり来たりしないでじっとしていなさい。
□□ -다(가) 말다 〜していて(途中で)やめる、〜しかけてやめる、〜していたが(やむ／やめる)＜動詞＞	자신이 없어서 손을 들다 말았어요. 自信がないので手を挙げかけてやめました。
□□ -다(가) 보니(까) 〜する／しているうちに＜動詞・있다＞	일하다 보니까 벌써 밤 11시가 되었어요. 仕事をしているうちにもう夜11時になりました。
□□ -다(가) 보면 ①〜していれば、〜していると ②〜していると、〜していたところ	①일하다 보면 점심 시간을 자주 잊어버려요. 仕事をしていると昼食時間をよく忘れちゃいます。
□□ -다 남다 〜し残る、〜し残す	먹다 남은 빵하고 과자가 있어요. 食べ残したパンとお菓子があります。

□□ ~도 ~(이)다	참, 아이에게 돈을 준 엄마도 엄마다.
【同じ体言を繰り返して】〜も〜だ	本当に、子どもにお金をあげたお母さんもお母さんよ。
□□ ~도 아닌데	가수도 아닌데 노래를 너무 잘 부르네요.
〜でもないのに	歌手でもないのに歌がとても上手ですね。
□□ ~도 ~(이)지만	아이도 아이지만 부모님에게 문제가 있는 것 같아요.
【同じ体言を繰り返して】〜も〜だけど、〜(のこと)もそうだが、〜(のこと)ももちろんだが	子どもも子どもだけど、親に問題があると思います。
□□ ~(이)든지 ~(이)든지 (간에)	치마든지 바지든지 상관없어요.
〜でも〜でも、〜か〜か	スカートでもズボンでも構いません。
□□ -든지 -든지 (간에)	게임을 하든지 공부를 하든지 네 자유다.
〜しようが／であろうが〜しようが／であろうが、〜しようと／であろうと〜しようと／であろうと	ゲームをしようと勉強をしようと君の自由だ。
□□ -든(지) 말든(지) (간에)	가든지 말든지 마음대로 하세요.
〜しようが／であろうが〜すまいが／であるまいが	行こうが行くまいが好きにしてください。
□□ -(으)ㄹ 거라고는	네가 여기에 올 거라고는 생각도 못 했다.
〜するとは／だとは、〜するなんて／だなんて	君がここに来るとは考えもしなかった。
□□ -(으)ㄹ 것	도서관에서 전화를 하지 말 것.
〜すること、〜するように、〜すべし<動詞・있다>	図書館で電話をしないこと。
□□ -(으)ㄹ 것 같다	내일은 비가 올 것 같아요.
〜しそうだ／でありそうだ、〜(する)だろう、〜する／な気がする	明日は雨が降りそうです。
□□ -(으)ㄹ 것 없다	①그렇게 놀랄 것 없어요.
	そんなに驚くことはないです。
①〜することはない、〜するには及ばない、〜するまでもない<動詞・있다>②〜くはない、〜ではない<形容詞・指定詞>	②별로 편리할 것도 없어요.
	そんなに便利でもないです。

□□ -(으)ㄹ 것 없이 ~しないで、~せずに	여기서 싸울 것 없이 빨리 돌아가세요. ここでけんかしないで早く帰ってください。
□□ -(으)ㄹ 것이다 ①~する、~するつもりだ＜動詞・있다＞ ②~だろう、~と思う＜形容詞＞	①내일도 늦게까지 일할 거예요? 明日も遅くまで仕事をするつもりですか?
□□ -(으)ㄹ 것이 아니라 ~するのではなく、~(する／な)わけでは なく	여기서 얘기만 할 것이 아니라 커피라도 마시러 갈까요? ここで話ばかりするんじゃなくてコーヒーでも 飲みに行きませんか?
□□ -(으)ㄹ까 말까 ①~しようかどうしようか、~しようかど うか、~しようか(~)しまいか ②【-(으)ㄹ까 말까 하다の形で】~そこ そこの	①이 일을 그만둘까 말까 고민하고 있어요. この仕事を辞めようかどうしようか悩んでい ます。 ②150센티미터 넘을까 말까 한 키. 150センチメートルそこそこの背。
□□ -(으)ㄹ까 하다 ①~しようと思う、~しようかと思う ②~(する／である)かと思う	①이번 방학에 해외 여행을 갈까 해요. 今度の休みに海外旅行に行こうかと思いま す。
□□ -(으)ㄹ 듯(이) ~するかのように、~しそうな感じで	비가 올 듯 갑자기 하늘이 어두워졌다. 雨が降るかのように、急に空が暗くなった。
□□ -(으)ㄹ 때마다 ~する／であるたびに	미국에 갈 때마다 연락하는 친구가 있어요. アメリカに行くたびに連絡する友達がいます。
□□ -(으)ㄹ 리(가) 없다 ~する／であるはずがない、~する／で あるわけない、~する／であるなんてあり 得ない	그 사람이 그런 말을 할 리가 없어요. あの人がそんなことを言うはずがありません。
□□ -(으)ㄹ 만큼 ①~するほど、~するくらい ②~するだけ(~する)、十分に(~する)	②할 만큼 했으니까 이제 결과만 기다리겠다. やるだけやったからあとは結果を待つだけだ。

□□ -(으)ㄹ 모양이다 〜する／であるようだ	하늘을 보니 비가 올 모양이다. 空を見たら雨が降るようだ。
□□ -(으)ㄹ 뻔하다 〜するところだ、〜しそうだ	사람들 앞에서 넘어질 뻔했어요. みんなの前で転ぶところでした。
□□ -(으)ㄹ 뿐 〜する／であるだけで、〜する／であるのみで、〜する／であるに過ぎず	그냥 취미로 배울 뿐 시험까지 볼 생각은 없어요. ただ趣味で習うだけで、試験まで受けるつもりはないです。
□□ -(으)ㄹ 뿐(만) 아니라 〜する／であるだけでなく、〜する／であるばかりか、〜する／であるのみならず	그 여배우는 연기를 잘할 뿐만 아니라 성격도 좋아요. あの女優さんは演技がうまいだけでなく、性格もいいです。
□□ -(으)ㄹ 뿐이다 〜する／であるだけだ、〜する／であるに過ぎない、〜するまでだ	아픈 게 아니라 조금 피곤할 뿐이에요. 具合が悪いんじゃなくて、少し疲れているだけです。
□□ -(으)ㄹ 수(가) 있다／없다① 〜することができる／できない <動詞・있다>	이번 주말에는 바빠서 갈 수 없어요. 今週末は忙しくて行けません。
□□ -(으)ㄹ 수(가) 있다／없다② 〜する／である可能性がある／ない、〜し得る／し得ない、〜であり得る／あり得ない	아이니까 그럴 수도 있겠네요. 子どもだからそんなこともあり得ますね。
□□ -(으)ㄹ 수밖에 없다 〜する／であるしかない、〜(するの)は避けられない、〜するほかない、〜(する)以外あり得ない	약속을 했으니까 기다릴 수밖에 없어요. 約束をしたので待つしかありません。
□□ -(으)ㄹ 수 있는 대로 〜できる限り、〜できる(分)だけ <動詞・있다>	될 수 있는 대로 참아 볼게요. できる限り我慢してみます。
□□ -(으)ㄹ 적(에) 〜する／である時(に)、〜する／である頃(に)	아이일 적에는 자주 울었어요. 子どもの時にはよく泣きました。

□□ -(으)ㄹ 줄 알다/모르다 ~することが(できる/できない) <동詞>	저는 춤을 출 줄 몰라요. 私は踊れません。
□□ -(으)ㄹ지(도) 모르다 ~(する/である)かもしれない	그 사람은 오지 않을지도 몰라요. あの人は来ないかもしれません。
□□ -(으)ㄹ 테니까 ①~するだろうから ②~するから	①내일은 비가 올 테니까 우산을 준비해 나 가세요. 明日は雨が降るでしょうから傘を用意して 出掛けてください。 ②내가 청소를 할 테니까 너는 요리를 해. 僕が掃除をするから、君は料理をして。
□□ -(으)ㄹ 틈도 없다 ~する暇もない、~する隙もない	너무 바빠서 인사할 틈도 없었어요. 忙しすぎてあいさつする暇もなかったです。
□□ ~(이)라고는 ~なんて、~は	아는 사람이라고는 한 명도 없었다. 知り合いなんて1人もいなかった。
□□ ~(으)로 말하면 ~で言うならば	연기력으로만 말하면 이 배우가 최고다. 演技力だけで言うならこの俳優が一番だ。
□□ ~(으)로 보다 ①~と(思う/考える/見なす) ②~から判断する	②인기로 보면 요새 이 가수가 최고예요. 人気から判断して最近この歌手が一番です。
□□ ~(으)로 보아서 ~から考えて、~からして、~から見て、 ~から判断して	실력으로 봐서 그 사람이 대표가 된 건 당연 하다. 実力から考えてあの人が代表になったのは当 然だ。
□□ ~(으)로 해서 ~によって、~のせいで	이번 일로 해서 서로 사이가 나빠졌어요. 今回のことでお互い仲が悪くなりました。

□□ ~을/를 가지고	①날 가지고 그렇게 나쁘게 말하지 마세요.
	私のことでそんなに悪く言わないでください。
①(対象)～(の)ことで ②(手段・道具・方法)～で、～を使って、 　～を持って	②핸드폰을 가지고 연락하면 편해요.
	携帯電話で連絡すれば便利です。
□□ ~을/를 보고	회의 결과를 보고 사람들이 불만이 많아요.
～について、～を巡って、～のことを	会議の結果を巡ってみんな不満が多いです。
□□ ~을/를 비롯해(서)/비롯하여	결혼식에는 친척들을 비롯해 많은 분이 참석
	해 주셨다.
～をはじめ(として)	結婚式には親戚たちをはじめ多くの方が出席
	してくれた。
□□ ~을/를 위해(서)/위하여	가족을 위해서 열심히 일하고 있어요.
～のために	家族のために一生懸命働いています。
□□ ~을/를 통해(서)/통하여	뉴스를 통해서 그 사건을 알게 됐다.
～を通じて、～を通して	ニュースを通じてあの事件のことを知った。
□□ -(으)ㅁ에 따라(서)	회의가 끝나 감에 따라서 얘기가 점점 정리
	됐다.
～するに従って、～するにつれて	会議が終わるにつれて話がだんだんまとまっ
	てきた。
□□ (마치) -(으)ㄴ 것처럼	①마치 자기가 가 본 것처럼 얘기해요.
	まるで自分が行ってみたかのように話します。
①(まるで)～したかのように<動詞> ②(まるで)～であるかのように 　<形容詞・指定詞>	②마치 자기가 가수인 것처럼 행동해요.
	まるで自分が歌手であるかのように振る舞
	います。
□□ (마치) -(으)ㄹ 것처럼/같이	내일부터 그만둘 것처럼 말하지 마세요.
(まるで)～するかのように、あたかも～す るかのように	明日から辞めるかのように言わないでください。
□□ ~만 -아/어/여도	점심값만 아껴도 돈을 모을 수 있어요.
～だけ～しても、～(する/した)だけでも	お昼代を節約するだけでお金をためることが できます。

□□ ~만 -(으)면 ①~さえ~(すれば/であれば)、~(しさえ/でありさえ)すれば、~(すれば/であれば)必ず ②~ばかり~(する/している)と、~してばかりいると	①부모님만 이해해 주시면 유학 가고 싶어요. 両親さえ理解してくれたら留学に行きたいです。 ②공부 안 하고 게임만 하면 시험에 떨어질 거예요. 勉強しないでゲームばかりしていたら試験に落ちるでしょう。
□□ ~만 빼고 ~を除いて、~以外は何でも	너만 빼고 다들 좋다고 했다. 君を除いてみんないいと言った。
□□ ~만 해도 ①~だけでも、~だけ見ても ②【動作性名詞に付いて】~(する/した)だけでも、~だけしても	①어제만 해도 아무 문제 없었어요. 昨日だけ見ても何の問題もなかったです。 ②상상만 해도 너무 기뻐요. 想像しただけでもとてもうれしいです。
□□ -(으)면 -(으)ㄴ 대로 ①【同じ形容詞を繰り返して】~だったら~なりに ②【同じ動詞や있다を繰り返して】~したら~した(分)だけ	①키가 작으면 작은 대로 만족하면서 사세요. 背が低かったら低いなりに満足しながら生活してください。 ②야채를 많이 먹으면 먹은대로 건강에 좋아요. 野菜をたくさん食べたら食べただけ健康にいいです。
□□ -(으)면서까지 -지 않아도 ~してまで~しなくとも	자지 않으면서까지 무리하지 않아도 좋은 성적 받을 수 있어요. 徹夜までしながら無理しなくてもいい成績取れますよ。
□□ -아/어/여 내다 ~し出す、~し切る、~し抜く、~し終える、十分に~する<動詞>	아주 편리한 방법을 찾아 냈습니다. とても便利な方法を見つけ出しました。
□□ -아/어/여 놓다 ~しておく<動詞>	준비물을 미리 확인해 놓았어요. 持ち物を前もって確認しておきました。
□□ -아/어/여 두다 ~しておく<動詞>	지하에 차를 주차해 두었어요. 地下に車を駐車しておきました。

□□ 아무리 -아/어/여야 いくら〜する／した／だとしても、いくら〜したって／だって	아무리 울어야 소용없어. どれほど泣いても無駄だ。
□□ -아/어/여 버리다 〜してしまう＜動詞・있다＞	늦잠을 자서 비행기를 놓쳐 버렸어요. 寝坊をして飛行機に乗り遅れてしまいました。
□□ -아/어/여 보아야 ①〜してみたところで ②〜してみてはじめて(〜する)、〜してみなければ(〜しない)	①지금 노력해 보아야 이미 늦었어요. 　今努力してみたところでもう遅いです。 ②엄마가 되어 보아야 엄마의 마음을 알아요. 　母になってみて初めて母の気持ちが分かります。
□□ -아/어/여 보이다 ①〜して見せる、〜して示す＜動詞＞ ②〜そうに見える＜形容詞・存在詞＞	②이 책 너무 어려워 보이네요. 　この本とても難しそうに見えますね。
□□ -아/어/여서 그런지 〜する／であるからなのか、〜する／であるせいか	내일 시험이 있어서 그런지 도서관에 사람이 많다. 明日試験があるからなのか、図書館に人が多い。
□□ -아/어/여서 그렇다 〜する／であるのでそうなのだ、〜する／であるからだ	요새 전화 못 한 건 일이 바빠서 그랬어. 最近電話できなかったのは忙しかったからだ。
□□ -아/어/여서는 안 되다 〜しては／であってはいけない	도서관에서 과자를 먹어서는 안 돼요. 図書館でお菓子を食べてはいけません。
□□ -아/어/여서(는) -(으)ㄹ 수 없다 〜しては／であっては〜することができない	이렇게 놀기만 해서는 시험에 합격할 수 없어요. こんなに遊んでばかりいては試験に合格できません。
□□ -아/어/여서 죽겠다 〜くて／で死にそうだ、〜くて／でたまらない	배가 고파서 죽겠어요. おなかがすいて死にそうです。
□□ -아/어/여야 -(으)ㄹ 수 있다 〜して／であってこそ〜できる、〜しなければ／でなければ〜できない	열심히 노력해야 성공할 수 있어요. 一生懸命努力しないと成功できません。

□□ -아/어/여야만 하다/되다 〜しなければ／でなければならない、〜する／であるべきである	시험에 합격하려면 열심히 공부<u>해야만 해</u>요. 試験に合格するには一生懸命勉強しなければなりません。
□□ -아/어/여야 -지(요) 〜して／であって初めて〜する／である、〜しなければ／でなければ〜しない／でない	열심히 공부를 해야 합격을 하지요. 一生懸命勉強しなければ合格できません。
□□ -아/어/여 주었으면 하다 〜してくれたらと思う、〜してもらいたい	나 대신에 회의에 참석<u>해 주었으면 해</u>요. 私の代わりに会議に参加してくれたらと思います。
□□ -아/어/여지다 ①〜(ら)れる＜動詞＞ ②〜になる、〜くなる＜形容詞・存在詞＞	①이 볼펜 글씨가 잘 써져요. このボールペン、字がよく書けます。 ②친구가 요즘 너무 예뻐졌어요. 友達が最近とてもきれいになりました。
□□ -았/었/였다(가) -았/었/였다(가) 하다 〜したり／だったり〜したり／だったりする	요새 성적이 올라<u>갔다</u> 내려<u>갔다</u> 해요. 最近成績が上がったり下がったりしています。
□□ -았/었/였어야 하다/되다 〜する／であるべきだった、〜すれば／であればよかった	좀 더 일찍 찾아<u>뵀어야 했</u>는데 늦었습니다. もっと早く伺うべきだったのに、遅くなりました。
□□ -았/었/였으면 -았/었/였을 텐데(요) 〜したら／だったら〜した／だっただろうに	어제 시험 조금 더 열심히 공부<u>했으면</u> 좋<u>았을 텐데</u>. 昨日の試験、もう少し一生懸命勉強していたら良かっただろうに。
□□ -았/었/였으면 하다/싶다/좋겠다 〜できたら／であったら(いいのに)と思う、〜したい／でありたいと思う	내일 날씨가 좋<u>았으면</u> 좋겠어요. 明日天気が晴れたらいいと思います。
□□ 〜에(게) 있어(서) 〜にとって、〜において	저<u>에게 있어서</u> 가족과 같은 사람이에요. 私にとって家族同然な人です。

□□ ~에 관해(서)/관하여 ~に関して、~について	그 사람에 관해서 궁금한 점이 많아요. あの人に関して気になることが多いです。
□□ ~에 대해(서)/대하여 ①~について、~に対して、~に関して ②~に比して、~に比べて、~に対して	①이 기계에 대해서 설명해 주세요. 　この機械について説明してください。
□□ ~에 따라(서) ~に従って、~に伴い、~の通りに、~に つれて、~によって	회사에 따라서 근무 시간이 달라요. 会社によって勤務時間が異なります。
□□ ~에 따르는/따른 ~に伴う、~に準じた	지역에 따른 기온 변화에 주의하세요. 地域ごとの気温の変化に注意してください。
□□ ~에 따르면 ~によれば、~によると	뉴스에 따르면 내일부터 추워진다고 해요. ニュースによると、明日から寒くなるそうです。
□□ ~에 비해(서)/비하여 ~に比べて	형제들에 비해서 머리가 좋은 편이에요. 兄弟たちに比べて頭がいい方です。
□□ ~에 지나지 않다 ~にすぎない	그것은 나의 꿈에 지나지 않는다. それは私の夢にすぎない。
□□ ~와/과 다름없다 ~と変わらない、~も同然だ、~と同じだ	이 선배는 가족과 다름없는 사람이에요. この先輩は家族同然な人です。
□□ ~와/과 반대로 ~と反対に、~とは逆に	형과 반대로 남동생은 운동을 전혀 못한다. 兄と反対に弟は運動が全然できない。

慣用句

　3級レベルで必修の慣用句を抜粋しました。試験では穴埋め問題や置き換え、共通語彙の問題、読解問題などで幅広く慣用句の知識が問われます。例文を覚えて用法をマスターしましょう。

慣用句　　　　　　　✓CHECK 1 2	例文
□□ **가면을 벗다** 仮面を脱ぐ、本性をさらけ出す	**이제 그만 가면을 벗는 게 어때?** もういいかげんに本性をさらけ出したらどうだ？
□□ **가면을 쓰다** 仮面をかぶる、正体を隠す、本心を隠す	**지금까지 나한테 가면을 써 온 거야?** 今まで私に本性を隠してきたのか？
□□ **거 봐요 / 그거 봐 / 그거 보세요** それ見ろ、それ見たことか、ほら見ろ、ほらごらん	**거 봐. 내 말이 맞지?** それ見ろ。私が言った通りだろ？
□□ **계산에 넣다** 計算に入れる、勘定に入れる、見込む、念頭に置く	**이번 일도 계산에 넣어 두는 게 좋을 거야.** 今度の事も念頭に置いた方がいいだろう。
□□ **계산이 밝다** 計算高い	**우리 사장님은 그렇게 안 보이지만 계산이 밝은 사람이에요.** うちの社長は、そう見えないが計算高い人です。
□□ **그건 그렇다** それはそうだ	**겨울이니까 춥다고? 그건 그렇다.** 冬だから寒いって？　それはそうだ。
□□ **(아무리) 그래도 그렇지** (たとえ、いくら)そうだとしても	**그래도 그렇지 나한테 어떻게 그런 말을 할 수 있어?** そうだとしても、私にそんなことを言うなんて。

□□ 그래서 그런지 そのせいか、それでそうなのか	친구랑 싸웠다고? 그래서 그런지 요즘 기분이 안 좋아 보였어. 友達とけんかしたって？　そのせいか、最近機嫌が良くなさそうだったよ。
□□ 그러고 보니까 そう考えてみたら、そう言われてみたら	그러고 보니까 요즘 예뻐진 거 같아요. そう言われてみれば、最近きれいになったようです。
□□ 그러다 보니까 そうしていたら	친구하고 얘기를 했어요. 그러다 보니까 벌써 저녁이 됐어요. 友達と話をしました。そうしていたらもう夕方になりました。
□□ 그렇다고 해서 / 그렇다고 だからといって、かといって	그렇다고 해서 싫어하는 건 아니에요. だからといって嫌いなわけではありません。
□□ 그릇이 크다⇔그릇이 작다 器、度量が大きい⇔器、度量が小さい	그릇이 큰 사람이에요. 器の大きい人です。
□□ 그림 같다 とても良い、絵に描いたようだ	그림 같은 가족이네요. 絵に描いたような家庭ですね。
□□ 기억에서 사라지다 記憶から消える、忘れる	옛날 일은 기억에서 사라졌어요. 昔のことは忘れました。
□□ 꽃을 피우다 ①(話や笑いの)花を咲かせる ②開花させる、盛んにする	①학교 얘기로 꽃을 피웠어요. 学校の話に花を咲かせました。
□□ 꽃이 피다 ①(話や笑いの)花が咲く ②開花する、盛んになる	①결혼한 친구 얘기로 꽃이 피었어요. 結婚した友達の話で盛り上がりました。
□□ 꿈을 꾸다 ①夢を見る　②夢を描く、夢を追う、夢見る	②꿈꿔 왔던 여행을 가게 됐어요. 夢にまで見た旅行に行くことになりました。
□□ 나도 모르게 / 저도 모르게 / 　　자기도 모르게 われ知らず、思わず	나도 모르게 웃었어요. 思わず笑いました。

□□ **날개를 펴다** ①翼を広げる、羽を伸ばす　②勢いを増す ③想像を膨らます	③**상상의 날개를 펴고** 생각해 보세요. 想像を膨らまして考えてみてください。
□□ **날아갈 것 같다** 夢のようだ、とてもうれしい、 天にも昇る心地だ	어려운 시험에 합격을 해서 **날아갈 것 같아요.** 難しい試験に合格してとてもうれしいです。
□□ **남의 말을 하다** 人の噂をする、陰口を叩く	**남의 말을 하면** 안 돼요. 人の噂をしたら駄目です。
□□ **남의 손을 빌리다** 人の手を借りる	**남의 손을 빌려서** 일을 끝냈어요. 人の手を借りて仕事を終えました。
□□ **낮과 밤이 따로 없다 /** 　　**밤낮이 따로 없다** 昼夜を問わない、昼も夜も休まず	공부 때문에 **낮과 밤이 따로 없어요.** 勉強のために昼も夜もありません。
□□ **낮이나 밤이나** 昼夜を問わず、朝から晩までずっと	**낮이나 밤이나** 일만 해요. 朝から晩までずっと仕事ばかりしています。
□□ **냄새가 나다** ①においがする、におう ②嫌気がさす、鼻につく ③(職業などに特有の)においがする、 　～らしいところがある	③뭔가 **냄새가 나니까** 조사해 봐. 何かうさんくさいので調べてみて。
□□ **높이 사다** 高く買う	그 사람의 노력을 **높이 샀어요.** あの人の努力を高く買いました。
□□ **눈앞에 보이다** 目の前に見える、目前に迫る	시험이 **눈앞에 보여요.** 試験が目前に迫っています。
□□ **다 되다** ①完成する、尽きる　②すっかり～になる	②이제 어른이 **다 됐네.** もうすっかり大人になったね。

□□ **다 아는 사이** 全て知っている間柄	**다 아는 사이니까 인사는 됐어요.** みんな知り合いなのであいさつはいいです。
□□ **다리를 놓다 / 다리를 잇다** ①橋を架ける ②仲立ちをする、橋渡しをする	**②친구가 다리를 놓아 줘서 일이 잘 해결됐** **어요.** 　友達が橋渡しをしてくれたので、仕事がうま 　く解決しました。
□□ **닭이 먼저인지 계란이 먼저인지** (しらを切って)よく分からないふりをする様	**닭이 먼저인지 계란이 먼저인지의 문제예요.** よく分からない問題です。
□□ **대책이 안 서다 / 대책이 없다** どうするべきかまったく分からない、なす術 がない	**정말 대책이 안 서는 문제네요.** どうするべきかまったく分からない問題ですね。
□□ **돈을 만들다** 金を工面する	**내일까지 돈을 만들어 볼게요.** 明日まで、金を工面してみます。
□□ **두 번 다시** 二度と	**두 번 다시 보고 싶지 않아요.** 二度と会いたくないです。
□□ **뒤를 돌아보다** ①後ろを向く、振り向く ②過去を振り返る、回顧する	**②뒤를 돌아보지 마세요.** 　過去を振り返らないでください。
□□ **때를 놓치다** 時機を逸する、チャンスを逃す	**좋은 기회니까 때를 놓치면 안 돼요.** いい機会だからチャンスを逃してはいけません。
□□ **때와 장소를 가리다** 時と場所をわきまえる	**때와 장소를 가려서 행동합시다.** 時と場所をわきまえて行動しましょう。
□□ **막을 내리다** 幕を閉じる、幕を下ろす	**이 영화는 오늘로 막을 내려요.** この映画は今日で幕を下ろします。
□□ **막을 올리다** 幕を開ける、幕が開く、幕を切って落とされ る	**내일부터 막을 올리는 영화예요.** 明日から公開される映画です。

□□ **막이 오르다** 幕が開く、幕が上がる、開幕する	**막이 오르기 전부터 화제가 됐어요.** 開幕する前から話題になりました。
□□ **말할 것도 없다** 言うまでもない、言うに及ばない	**이 집 라면이 맛있다는 건 말할 것도 없어요.** この店のラーメンがおいしいのは言うまでもないです。
□□ **먹어야 살다** 食べなくては生きられない	**사람은 먹어야 산다.** 人は食べなくては生きられない。
□□ **모르는 게 없다** 何でも知っている	**모르는 게 없는 사람이에요.** 何でも知っている人です。
□□ **목숨을 걸다** 命を懸ける、命を投げ出す	**목숨 걸고 구해 냈어요.** 命を懸けて助け出しました。
□□ **목숨을 끊다** 命を絶つ、死ぬ	**스스로 목숨을 끊으면 안 돼요.** 自ら命を絶ってはいけません。
□□ **목숨을 잃다** 命を失う、命を落とす	**교통 사고로 목숨을 잃었어요.** 交通事故で命を落としました。
□□ **목이 마르다** ①喉が渇く、渇きを覚える ②(목이 마르게の形で)切望して	**①목이 말라서 물을 마셨어요.** 喉が渇いて水を飲みました。
□□ **목이 빠지게 기다리다 /** **눈이 빠지도록 기다리다** 首を長くして待つ、待ちわびる	**친구를 목이 빠지게 기다리고 있어요.** 友達を、首を長くして待っています。
□□ **몰라서 그렇다** 知らないだけだ、分からないからだ	**미안해. 몰라서 그랬어.** ごめん。知らなかっただけなんだ。
□□ **못 보겠다** 見ていられない	**더 이상 못 보겠어요.** これ以上見ていられません。

☐☐ 무슨 소리 何のこと、どういうこと	<u>무슨 소리</u> 하는 거예요? 何を言ってるんですか?
☐☐ 문을 닫다 ①(その日の営業を終え)閉店する ②店を畳む、店を閉める	②이 가게는 내일부터 <u>문을 닫게</u> 됐다. 　この店は明日から閉店することになった。
☐☐ 문을 열다 ①(その日の営業を行うために)開店する ②店を開く、開業する　③門戸を開く	①오전 10시에 <u>문을 열어요</u>. 　午前10時に開店します。
☐☐ 물을 내리다 (トイレの)水を流す	볼일을 본 후에는 <u>물을 내리세요</u>. 用を足した後は水を流してください。
☐☐ 뭐가 뭔지 何が何だか	<u>뭐가 뭔지</u> 하나도 모르겠어요. 何が何だか全然分かりません。
☐☐ 바꿔 말하면 言い換えれば	<u>바꿔 말하면</u> 유학을 가고 싶다는 얘기예요. 言い換えれば留学したいという話です。
☐☐ 바다보다도 깊고 하늘보다도 　넓다 懐が深くて寛大だ	부모님의 사랑은 <u>바다보다도 깊고 하늘보다 도 넓어요</u>. 親の愛情は深くてとても寛大です。
☐☐ 비행기를 태우다 おだてる、持ち上げる	아직 결과도 안 나왔는데 <u>비행기 태우지</u> 마 세요. まだ結果も分からないのにおだてないでくだ さい。
☐☐ 보는 눈이 없다 見る目がない	여동생은 남자 <u>보는 눈이 없어요</u>. 妹は男を見る目がありません。
☐☐ 보는 눈이 있다 ①見る目がある　②人目がある	①우리 부장님은 사람을 <u>보는 눈이 있어요</u>. 　うちの部長は人を見る目があります。
☐☐ 보통 일이 아니다 並大抵のことではない	여기서 생활하는 건 <u>보통 일이 아니다</u>. ここで生活するのは並大抵のことではない。

□□ 보통이 아니다 並々ならない、ただならない、普通ではない	**요리 솜씨가 보통이 아니에요.** 料理の腕が並々ならないです。
□□ 사람을 만들다 人を一人前にする	**군대가 사람을 만드네요.** 軍隊が人を一人前にしますね。
□□ 사람이 되다 真人間になる、まっとうな人間になる	**지금은 좀 사람이 된 것 같아요.** 今はまっとうな人間になったようです。
□□ 사람이 좋다 人が良い、お人よしだ	**사람이 좋아서 친구의 부탁을 거절 못 해요.** お人よしなので友達からの頼みを拒めません。
□□ 선을 넘다 一線を越える	**둘은 친구의 선을 넘었어요.** 2人は友達の一線を越えました。
□□ 세상을 떠나다 世を去る、亡くなる	**친구가 사고로 갑자기 세상을 떠났어요.** 友達が事故で突然亡くなりました。
□□ 손이 빠르다 素早い、器用だ、手際良い、仕事が速い	**손이 빨라서 벌써 일이 끝났어요.** 手際が良いのでもう仕事が終わりました。
□□ 신경을 쓰다 気を使う、神経を使う、気にかける、気にする	**제 일에 너무 신경 쓰지 마세요.** 私のことはあまり気にしないでください。
□□ 심장이 강하다 度胸がある	**심장이 강해서 이런 거 안 무서워요.** 度胸があるのでこんなことは怖くありません。
□□ 심장이 약하다 度胸がない	**심장이 약해서 무서운 영화는 못 봐요.** 度胸がないので怖い映画は見られません。
□□ 아는 사람은 알다 知る人ぞ知る	**아는 사람은 안다는 삼계탕집.** 知る人ぞ知る参鶏湯の店。
□□ 알고 보니 後になってみたら、後で分かったのだが	**알고 보니 정말 좋은 사람이었어요.** 後になってみたら、とても良い人でした。

□□ **알고 지내다** 面識がある	**알고 지내는** 사람이 몇 명 있었어요. 面識のある人が何人かいました。
□□ **앞만 보고 달리다** 一生懸命生きる	지금까지 **앞만 보고 달려** 왔어요. 今まで一生懸命に生きてきました。
□□ **어깨가 가볍다 / 가벼워지다** 気が楽だ	그 일이 끝나서 **어깨가 가벼워졌어요.** あの仕事が終わって肩の荷が下りました。
□□ **얼굴을 못 들다** 恥ずかしさのあまり顔をあげられない、面目 が立たない	부모님께는 죄송해서 **얼굴을 못 들겠어요.** 親には申し訳なくて面目が立ちません。
□□ **얼마 만이다** 久しぶりだ	아니, 이게 **얼마 만이냐?** おや、久しぶりだな。
□□ **여러 말 할 것 없다 / 여러 말이 필요 없다 / 긴말할 것 없다 / 긴말이 필요 없다** くどくど言うことはない、ああだこうだ言う 必要はない	**여러 말 할 것 없어.** 내일부터 시작하자. くどくど言うことはない。明日から始めよう。
□□ **열쇠를 쥐다** (問題解決などの)鍵を握る、手掛かりを握る	그 사람이 이 사건의 **열쇠를 쥐고** 있다. あの人がこの事件の鍵を握っている。
□□ **열에 아홉** 十中八九、大方	**열에 아홉은** 그 사람의 말에 속는다고 해요. 大方の人はあの人の言葉にだまされるそうです。
□□ **이날 이때까지** 今まで、今日に至るまで	**이날 이때까지** 가족만을 위해서 살아왔어요. 今まで家族のためにだけ生きてきました。
□□ **이래 봬도** こう見えても	**이래 봬도** 유명한 가수예요. こう見えても有名な歌手です。
□□ **이름을 남기다** 名を残す、名声を後世に残す	스포츠로 **이름을 남기고** 싶어요. スポーツで名を残したいです。

□□ **이봐(요)** ねえちょっと	**이봐**, 여기서 뭐 하는 거야? ねえちょっと、ここで何をしているんだ?
□□ **눈에는 눈, 이에는 이** 目には目を、歯には歯を	**눈에는 눈, 이에는 이**, 언젠가 갚아 줄 거야. 目には目を、歯には歯を、いつか仕返ししてやるからな。
□□ **인사를 올리다** ①(目上の人に)ごあいさつをする ②敬意を払う	①**사장님께 인사를 올렸어요.** 社長にごあいさつをしました。
□□ **인상이 깊다** 印象深い	**인상이 깊은** 장면이었어요. 印象深い場面でした。
□□ **일분일초** ごくわずかな時間	**일분일초**도 아끼며 공부했어요. ごくわずかな時間も惜しみながら勉強しました。
□□ **잘 만났다** ①ちょうどよい時に会った ②良い出会いだ	①너 오늘 **잘 만났다**. 今日ちょうど会えたね。
□□ **잘 봐 주다** 見逃す、大目に見る	**잘 봐 주**세요. 大目に見てください。
□□ **잘하다** ①ふざけている、(皮肉って言う)よくやる、 ②うまく計らう	①**잘한다**. 공부는 안 하고 뭐 하는 거야? ふざけてるな。勉強しないで何をやってるんだ?
□□ **좋고 싫은 것이 확실하다** 好き嫌いがはっきりしている	**좋고 싫은 것이 확실한** 사람이에요. 好き嫌いがはっきりしている人です。
□□ **코가 높다** 鼻が高い、鼻にかける、得意になる、気位が高い	**코가 높은** 사람은 싫어요. 高飛車な人は嫌いです。
□□ **하면 되다** 【主に하면 되다の形で】やればできる、成せば成る	무슨 일이든지 **하면 된다**. 何でもやればできる。
□□ **한다면 하다** やると言ったらやる	나는 **한다면 하**는 성격이에요. 私はやると言ったらやる性格です。

STEP 3

項目別に練習！
合格徹底ドリル

合格徹底ドリル 聞き取り①
イラスト問題

この問題に効く！ イラスト問題

（解答は P.134 ～）

（解答は P.134 ～）

◎ **012**　　　　　　　　　　　　　　　　　　　　　　（解答時間 20 秒）

■ 4つの選択肢を2回ずつ読みます。表や絵の内容に合うものを1つ選んでください。

◎ **013**

□□ 1.

①＿＿＿＿＿＿＿＿＿＿＿＿＿＿＿＿＿＿＿＿＿＿＿＿＿＿＿＿＿

②＿＿＿＿＿＿＿＿＿＿＿＿＿＿＿＿＿＿＿＿＿＿＿＿＿＿＿＿＿

③＿＿＿＿＿＿＿＿＿＿＿＿＿＿＿＿＿＿＿＿＿＿＿＿＿＿＿＿＿

④＿＿＿＿＿＿＿＿＿＿＿＿＿＿＿＿＿＿＿＿＿＿＿＿＿＿＿＿＿

⊚014

☐ ☐ 2.

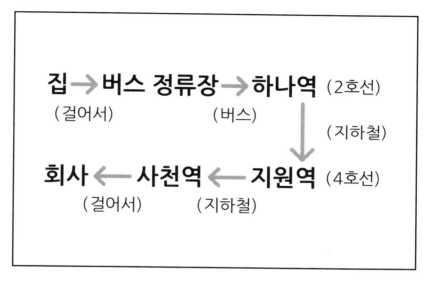

① _____

② _____

③ _____

④ _____

STEP 3 合格徹底ドリル 聞き取り

◎ 015

□ □ 3.

① _____

② _____

③ _____

④ _____

合格徹底ドリル 聞き取り②
語 彙

この問題に効く！ 応答・内容理解問題

（解答は P.135 〜）

STEP 3 合格徹底ドリル 聞き取り

◎016　　　　　　　　　　　　　　　　　　　　　　　　　　（解答時間 20 秒）

■ 短い文と選択肢を２回ずつ読みます。文の内容に合うものを１つ選んで
ください。

◎017
□ □ 1. _____

① _____　② _____

③ _____　④ _____

◎018
□ □ 2. _____

① _____　② _____

③ _____　④ _____

◎019
□ □ 3. _____

① _____　② _____

③ _____　④ _____

◎**020**

□ □ 4. _____

　　　　① _____　　　② _____

　　　　③ _____　　　④ _____

◎**021**

□ □ 5. _____

　　　　① _____　　　② _____

　　　　③ _____　　　④ _____

◎**022**

□ □ 6. _____

　　　　① _____　　　② _____

　　　　③ _____　　　④ _____

◎**023**

□ □ 7. _____

　　　　① _____　　　② _____

　　　　③ _____　　　④ _____

□ □ 8. _____

① _____   ② _____

③ _____   ④ _____

□ □ 9. _____

① _____   ② _____

③ _____   ④ _____

□ □ 10. _____

① _____   ② _____

③ _____   ④ _____

□ □ 11. _____

① _____   ② _____

③ _____   ④ _____

STEP
3
合格徹底ドリル

聞き取り

◎ 028

□ □ 12. _____

① _____ ② _____

③ _____ ④ _____

◎ 029

□ □ 13. _____

① _____ ② _____

③ _____ ④ _____

◎ 030

□ □ 14. _____

① _____ ② _____

③ _____ ④ _____

◎ 031

□ □ 15. _____

① _____ ② _____

③ _____ ④ _____

◎ **032**

□ □ 16. _____

① _____ ② _____

③ _____ ④ _____

◎ **033**

□ □ 17. _____

① _____ ② _____

③ _____ ④ _____

◎ **034**

□ □ 18. _____

① _____ ② _____

③ _____ ④ _____

◎ **035**

□ □ 19. _____

① _____ ② _____

③ _____ ④ _____

応答文選択

この問題に効く！ 応答・内容理解問題

（解答は P.139 〜）

◎ 036 （解答時間 20 秒）

■ 短い文を 2 回読みます。引き続き 4 つの選択肢も 2 回ずつ読みます。
　 応答文として適切なものを 1 つ選んでください。

◎ 037

□ □ 1. ＿＿＿＿＿＿＿＿＿＿＿＿＿＿＿＿＿＿＿＿＿＿＿＿

　　　① ＿＿＿＿＿＿＿＿＿＿＿＿＿＿＿＿＿＿＿＿＿＿＿

　　　② ＿＿＿＿＿＿＿＿＿＿＿＿＿＿＿＿＿＿＿＿＿＿＿

　　　③ ＿＿＿＿＿＿＿＿＿＿＿＿＿＿＿＿＿＿＿＿＿＿＿

　　　④ ＿＿＿＿＿＿＿＿＿＿＿＿＿＿＿＿＿＿＿＿＿＿＿

◎ 038

□ □ 2. ＿＿＿＿＿＿＿＿＿＿＿＿＿＿＿＿＿＿＿＿＿＿＿＿

　　　① ＿＿＿＿＿＿＿＿＿＿＿＿＿＿＿＿＿＿＿＿＿＿＿

　　　② ＿＿＿＿＿＿＿＿＿＿＿＿＿＿＿＿＿＿＿＿＿＿＿

　　　③ ＿＿＿＿＿＿＿＿＿＿＿＿＿＿＿＿＿＿＿＿＿＿＿

　　　④ ＿＿＿＿＿＿＿＿＿＿＿＿＿＿＿＿＿＿＿＿＿＿＿

□ □ 3. _____

    ① _____

    ② _____

    ③ _____

    ④ _____

© 040

□ □ 4. _____

    ① _____

    ② _____

    ③ _____

    ④ _____

© 041

□ □ 5. _____

    ① _____

    ② _____

    ③ _____

    ④ _____

STEP
3
合格徹底ドリル

聞き取り

□ □ 6. _____

    ① _____

    ② _____

    ③ _____

    ④ _____

□ □ 7. _____

    ① _____

    ② _____

    ③ _____

    ④ _____

□ □ 8. _____

    ① _____

    ② _____

    ③ _____

    ④ _____

◎ **045**

□ □ 9. _____

　　　① _____

　　　② _____

　　　③ _____

　　　④ _____

◎ **046**

□ □ 10. _____

　　　① _____

　　　② _____

　　　③ _____

　　　④ _____

◎ **047**

□ □ 11. _____

　　　① _____

　　　② _____

　　　③ _____

　　　④ _____

合格徹底ドリル 聞き取り④
内容理解①

この問題に効く! 応答・内容理解問題

（解答は P.144 ～）

◎ **048**   （解答時間 20 秒）

■ 問題文を 2 回読みます。文の内容と一致するものを 1 つ選んでください。

◎ **049**

□ □ 1. ＿＿＿＿＿＿＿＿＿＿＿＿＿＿＿＿＿＿＿＿＿＿

＿＿＿＿＿＿＿＿＿＿＿＿＿＿＿＿＿＿＿＿＿＿＿＿

＿＿＿＿＿＿＿＿＿＿＿＿＿＿＿＿＿＿＿＿＿＿＿＿

＿＿＿＿＿＿＿＿＿＿＿＿＿＿＿＿＿＿＿＿＿＿＿＿

＿＿＿＿＿＿＿＿＿＿＿＿＿＿＿＿＿＿＿＿＿＿＿＿

①弟は今年大学を卒業した。

②弟は今貿易会社に勤めている。

③弟は今の会社を辞めて違う会社に移ることにした。

④弟が妹に会社を移るように勧めた。

◎ **050**

□ □ 2. _____

_____

_____

_____

_____

①大学の時韓国で1年間留学をした。

②留学していた時に韓国料理が大好きだった。

③今は辛い物が食べられない。

④今、日本にある韓国の会社に勤めている。

◎ **051**

□ □ 3. 여: _____

남: _____

여: _____

남: _____

①女性は山まで歩いて行くつもりである。

②男性は山までバスで行くつもりである。

③山まで歩いて2時間くらいかかる。

④山までのバス代はとても安い。

◎ 052

□□ 4. 남: _____

　　　 여: _____

　　　 남: _____

　　　 여: _____

①映画は２時半に始まる。

②女性はあの映画が今日とても見たい。

③男性は映画の前売り券を買っておいた。

④今日は週末なので映画のチケットが取れない。

◎ 053

□□ 5. 여: _____

　　　 남: _____

　　　 여: _____

　　　 남: _____

①今は夏でとても暑い。

②春が来てあちこちに花が咲いている。

③今年の冬はとても寒かった。

④冬の服を先週末に整理した。

□ □ 6．남：＿＿＿＿＿＿＿＿＿＿＿＿＿＿＿＿＿＿＿＿＿＿＿

여：＿＿＿＿＿＿＿＿＿＿＿＿＿＿＿＿＿＿＿＿＿＿＿

남：＿＿＿＿＿＿＿＿＿＿＿＿＿＿＿＿＿＿＿＿＿＿＿

여：＿＿＿＿＿＿＿＿＿＿＿＿＿＿＿＿＿＿＿＿＿＿＿

①小雨が降っている。
②外で風が吹いている。
③外で雨が降っている。
④二人は雨がやむのを待っている。

◎ 055

□ □ 7．여：＿＿＿＿＿＿＿＿＿＿＿＿＿＿＿＿＿＿＿＿＿＿＿

남：＿＿＿＿＿＿＿＿＿＿＿＿＿＿＿＿＿＿＿＿＿＿＿

여：＿＿＿＿＿＿＿＿＿＿＿＿＿＿＿＿＿＿＿＿＿＿＿

남：＿＿＿＿＿＿＿＿＿＿＿＿＿＿＿＿＿＿＿＿＿＿＿

①女性は最近仕事が忙しい。
②男性は英語の勉強をしばらく休むつもりだ。
③女性は英語の勉強を続けるつもりだ。
④男性は来年から海外へ出張に行くことになった。

STEP 3 合格徹底ドリル 聞き取り

内容理解②

この問題に効く! 応答・内容理解問題

（解答は P.148 〜）

◎ 056 （解答時間 20 秒）

■ 問題文を2回読みます。文の内容と一致するものを1つ選んでください。

◎ 057

□ □ 1. _____

_____

_____

_____

_____

① 대학원 시험은 어려울 것 같아서 자신이 없었다.

② 나는 공무원 시험에 떨어진 적이 있다.

③ 공무원 시험은 처음이라서 너무 긴장된다.

④ 공무원이 되고 싶어서 1년 동안 열심히 준비했다.

◎058

□ □ 2. _____

_____

_____

_____

_____

①오늘 아침에 친구하고 싸웠다.

②지금 여동생하고 1년 동안 같은 방을 쓴다.

③대학교 졸업하고 취직하면 독립하고 싶다.

④이번 주말에 여동생하고 얘기해 보겠다.

◎059

□ □ 3. 남: _____

여: _____

남: _____

여: _____

①남자는 오늘 기분이 아주 좋다.

②남자는 오늘 친구를 만나서 저녁을 먹기로 했다.

③여자는 오랜만에 친구하고 영화를 볼 것이다.

④여자는 친구랑 영화를 보고 저녁을 먹을 것이다.

□ □ 4. 남: _____

여: _____

남: _____

여: _____

①여자는 옷이 아주 잘 맞는다.

②여자는 티셔츠를 한번 입어 봤다.

③남자는 빨간 티셔츠를 입어 볼 것이다.

④남자는 옷가게에서 옷을 고르고 있다.

◉ 061

□ □ 5. 남: _____

여: _____

남: _____

여: _____

①김 과장은 지금 자리에 없다.

②김 과장은 메모를 전해 주었다.

③회의는 30분동안 열릴 예정이다.

④전화로는 메모를 전할 수 없다.

◎062

□ □ 6. 여: _____

남: _____

여: _____

남: _____

①여자는 휴가 때 여행을 갈 것이다.
②남자는 바쁘지만 미리 여행 예약을 했다.
③여자는 일이 바빠서 친구를 만날 시간이 없다.
④남자는 휴가 때 친구들을 만날 예정이다.

◎063

□ □ 7. 남: _____

여: _____

남: _____

여: _____

①남자는 가방을 버스에 놓고 내렸다.
②여자의 가방 안에는 서류하고 지갑이 들어 있다.
③남자는 지하철 안에서 음악을 들었다.
④여자는 까만색 서류 가방을 찾고 있다.

合格徹底ドリル 筆記①
発 音

この問題に効く！ 発音問題

必修項目で確認！ ➡ P.38～ 発音変化

（解答は P.153 ～）

■ 発音どおり表記したものを１つ選びましょう。

□□ 1. 한국과 일본의 법률은 무엇이 다릅니까?
　　　①[법눌]　　②[범률]　　③[범뉼]　　④[범률]

□□ 2. 오늘이 몇 월 며칠이에요?
　　　①[며쳘]　　②[며쉴]　　③[며뤌]　　④[며뒬]

□□ 3. 밤중에 어디 가세요?
　　　①[밤쭝]　　②[반쭝]　　③[밥중]　　④[반중]

□□ 4. 단어를 다 못 외웠어요.
　　　①[모쇠어써요]　　②[모쇠워서요]
　　　③[모되어서요]　　④[모되워써요]

□□ 5. 영어는 문법이 어려워요.
　　　①[뭄법]　　②[뭄뻡]　　③[문뻡]　　④[문먑]

□□ 6. 나에게 명령하지 마세요.
① [명영]　② [면녕]　③ [명녕]　④ [면령]

□□ 7. 내일 파티에 왜 못 와요?
① [모솨요]　② [모쏴요]
③ [모똬요]　④ [모돠요]

STEP
3
合格徹底ドリル
筆記

□□ 8. 다음 주부터 미국에 출장을 가요.
① [출짱]　② [출창]　③ [춘장]　④ [충창]

□□ 9. 집에서 책을 좀 정리하고 싶어요.
① [정이]　② [전리]　③ [전니]　④ [정니]

□□ 10. 후배하고 나는 성격이 안 맞아요.
① [선격]　② [선켝]　③ [성격]　④ [성켝]

□□ 11. 회사 동료하고 사이가 안 좋아요.
① [돈뇨]　② [동요]　③ [동뇨]　④ [돈료]

□□ 12. 오랜만에 친구를 만나서 못 알아봤어요.
① [모다라봐써요]　② [모달아봐서요]
③ [모사라받써요]　④ [모사라봐떠요]

□□ 13. 엊그제 만난 사람은 학교 선배예요.
① [언그제]　② [엄그제]
③ [얻크제]　④ [얻끄제]

□ □ 14. 제 친구는 <u>능력</u> 있는 사람이에요.
①[능역]　　②[는녁]　　③[는력]　　④[능녁]

□ □ 15. <u>첫인상</u>은 안 좋지만 좋은 사람이에요.
①[처딘상]　　②[처신상]
③[처씬상]　　④[처틴상]

□ □ 16. 학교에 <u>결석</u>하지 마세요.
①[견석]　　②[겸석]　　③[결썩]　　④[겸썩]

□ □ 17. <u>길거리</u>에서 오랜만에 고등학교 친구를 만났어요.
①[길커리]　　②[길꺼리]
③[긴거리]　　④[긴꺼리]

□ □ 18. 요리 <u>몇 인분</u> 주문하시겠습니까?
①[며친분]　　②[며신분]
③[며딘분]　　④[면닌분]

□ □ 19. 많이 걸어서 <u>발바닥</u>이 아파요.
①[발파닥]　　②[발빠닥]
③[반바닥]　　④[발바닥]

□ □ 20. 여동생은 학교 친구들하고 잘 <u>못 어울려요</u>.
①[모서울려요]　②[모더우려요]
③[모더울려요]　④[모서우려요]

□ □ 21. 지금도 첫사랑을 잊지 못해요.
　　　　①[천사랑]　　　②[첨싸랑]
　　　　③[첟사랑]　　　④[첟싸랑]

□ □ 22. 무슨 심리로 얘기했을까요?
　　　　①[심이]　　②[심니]　　③[싱리]　　④[싱니]

□ □ 23. 사장님 자리에 아무도 못 앉아요.
　　　　①[모단다요]　　②[모산짜요]
　　　　③[모단자요]　　④[모산자요]

合格徹底ドリル 筆記②
穴埋め①

この問題に効く！ **語彙・文法問題**

（解答は P.155 〜）

■ （　　　　　）の中に入れるのに適切なものを１つ選びましょう。

□□1.　말하는 것은 쉽지만 （　　　　　） 어려워요.
　　　①교회는　　②실천은　　③관련은　　④그늘은

□□2.　（　　　　　） 경찰에 쫓겨 지하철 안으로 들어갔어요.
　　　①꼬리가　　②날개가　　③범인이　　④단추가

□□3.　지난주에 （　　　　　） 와서 여기저기 피해가 많았어요.
　　　①불빛이　　②태풍이　　③선거가　　④성적이

□□4.　우리 집 （　　　　　）에는 꽃이랑 야채, 나무가 많이 있어요.
　　　①일용품　　②마당　　③종류　　④중심

□□5.　친구가 （　　　　　） 한 말을 진짜로 알고 믿었어요.
　　　①농담으로　②충격으로　③포인트로　④최초로

□□6.　친한 친구가 부탁하면 （　　　　　） 힘들어요.
　　　①감추기　　②권하기　　③거절하기　④기르기

□□ 7. 바쁘다고 해서 편의점 음식만 먹지 말고 밥을 잘 (　　　)
드세요.
①키워　　　②챙겨　　　③살펴서　　　④비워서

□□ 8. 건강을 위해서 앞으로 단 음식은 (　　　) 하세요.
①살리도록　②피하도록　③비치도록　④벌리도록

□□ 9. 오늘 회의에 (　　　) 여러분께 말씀드릴 게 있습니다.
①높여서　　②가리켜서　③고쳐서　　　④앞서서

□□ 10. 보통 집에서 식사하지만 바쁠 때는 밖에서 (　　　　)
때도 있어요.
①다녀갈　　②쓰러질　　③사 먹을　　④즐겨 볼

□□ 11. 어제는 친구하고의 약속을 (　　　)하고 백화점에 쇼핑하
러 갔어요.
①깜박　　　②깜짝　　　③달리　　　④힘껏

□□ 12. (　　　) 왜 화를 내는 거예요? 이해할 수가 없어요.
①마침　　　②마치　　　③도대체　　　④만약

□□ 13. 우리 언니는 저보다 (　　　) 공부도 잘하고 운동도 잘해요.
①일부러　　②훨씬　　　③오직　　　④스스로

□□ 14. 오랜만에 만난 친구는 (　　　) 예쁘고 건강해 보였어요.
①도저히　　②대개　　　③따로　　　④여전히

□ □ 15. 서둘러 회의실에 갔지만 (   ) 회의는 끝나 있었다.
①똑바로   ②문득   ③어느새   ④새로

□ □ 16. 지금은 바쁘니까 (   ) 다시 전화할게요.
①아무래도   ②이따가   ③일단   ④주로

□ □ 17. 요즘 뭘 해도 (   ) 되는 일이 없다.
①조금씩   ②약간   ③금방   ④뜻대로

□ □ 18. 그 사람이 근처에서는 (   ) 유명해서 이름만 대면
알아요.
①막   ②꽤   ③맨   ④딱

□ □ 19. (   ) 좋아했는데 지금은 테니스에 대한 열이 식었어요.
①한참   ②마침   ③때로   ④덜

□ □ 20. 이 일은 신입 사원에게 (   ) 쉬운 일이 아닐 거예요.
①결코   ②어떻게든   ③몹시   ④멀리

□ □ 21. (   ) 없는 사람하고는 같이 일하기 힘들어요.
①느낌이   ②눈치가   ③마음이   ④신경이

□ □ 22. 어제 어떤 남자가 도로에서 사고를 (   ) 도망갔어요.
①올리고   ②내고   ③남기고   ④열고

□ □ 23. 오늘 손이 （　　　） 도와주세요.
① 빠르니까　　　　② 깊으니까
③ 모자라니까　　　④ 짧으니까

□ □ 24. 친구 얘기가 재미있어서 시간 （　　　） 몰랐어요.
① 넘는 줄　　　　② 가는 줄
③ 내는 줄　　　　④ 쓰는 줄

□ □ 25. 아는 게 （　　　） 이제부터 책 좀 많이 읽어야겠어요.
① 계산이라고　　　② 꽃이라고
③ 힘이라고　　　　④ 꿈이라고

□ □ 26. 우리 회사와 （　　　） 나란히 하는 회사예요.
① 어깨를　　② 귀를　　③ 눈을　　④ 손을

□ □ 27. 다음에 제가 자리를 （　　　） 볼게요.
① 감아　　② 만들어　　③ 끌어　　④ 통해

□ □ 28. 어머니가 통화하는 틈을 （　　　） 친구 집에 놀러 갔어요.
① 타서　　② 쥐어서　　③ 남겨서　　④ 올려서

□ □ 29. 이 일에 （　　　） 한 달 됐어요.
① 손을 잡은 지　　② 손을 벗은 지
③ 손을 든 지　　　④ 손을 댄 지

□□ 30. 참는 데도 (   ) 있는데 이제 무리예요.
①새가   ②한계가   ③거리가   ④하루가

□□ 31. A : 중국어를 할 줄 아세요?
B : 사실은 대학교 때 중국어를 (   ) 했지만 지금은 다
잊어버렸어요.
①초대   ②전공   ③종합   ④주장

□□ 32. A : 한국 여행을 가는데 (   ) 어디서 하는 게 좋을까요?
B : 일본보다 한국에서 하는 게 더 좋을 거예요.
①무용을   ②방송을   ③환전을   ④박수를

□□ 33. A : 이거 여기에 버려도 돼요?
B : 미안하지만 저기에 있는 (   )에 버리세요.
①휴지통   ②밥솥   ③복도   ④사진첩

□□ 34. A : (   ) 없어서 이를 못 닦았어요.
B : 괜찮으면 내 거 쓰세요.
①공기가   ②국물이   ③치약이   ④간장이

□□ 35. A : 집에서 (   ) 너무 기르고 싶은데 어떨까요?
B : 그거 말고 개나 고양이는 어때요?
①고구마를   ②수박을
③주머니를   ④토끼를

□□ 36.　A：다음 달에 있는 콘서트 갈 거예요?

　　　　B：아니요, 콘서트 티켓이 한 시간만에 다 (　　　) 못 샀어요.

　　　　①줄어서　　②사서　　③팔려서　　④잡혀

□□ 37.　A：오늘 저녁에 뭐 할 거예요?

　　　　B：제 방이 너무 (　　　) 청소해야 해요.

　　　　①더러워서　　②깨끗해서

　　　　③뜨거워서　　④맑아서

□□ 38.　A：이 사람 누구예요?

　　　　B：요새 학생들을 (　　　) 어른들까지 모두 좋아하는 배우예요.

　　　　①비쳐서　　②비롯해서　　③모셔서　　④맡겨서

□□ 39.　A：요새 많이 바빠요?

　　　　B：지훈 씨에 (　　　) 저는 바쁜 것도 아니에요.

　　　　①비하면　　②맞이하면

　　　　③덜하면　　④더하면

□□ 40.　A：저기 둘이 뭐 해요?

　　　　B：뭔가 (　　　) 얘기를 하고 있는 것 같아요.

　　　　①못된　　②미운　　③착한　　④심각한

穴埋め②

（解答は P.161 ～）

この問題に効く！ **語彙・文法問題**

■ （　　　　　）の中に入れるのに適切なものを１つ選びましょう。

□□1.　영화가 너무 재미있어서 네 번（　　　　　） 봤어요.

　　　①씩　　　②도　　　③이든지　　　④이나

□□2.　A : 선생님인데 이것도 모르세요?

　　　B : 선생님（　　　　） 다 아는 건 아니죠.

　　　①이야　　　②이서　　　③이라고　　　④이야말로

□□3.　A : 그 사람 어때요?

　　　B : 친구（　　　　） 좋지만 애인 하고 싶지는 않아요.

　　　①로서는　　　②로서도　　　③말고도　　　④로서밖에

□□4.　A : 우리 아이는 말을 너무 안 들어요.

　　　B : 아이들은 선생님（　　　　） 말을 들어요.

　　　①이라야　　　②이랑　　　③이든　　　④이나

□□5.　사원들은 사원들（　　　　　） 사장님한테 원하는 게 많아요.

　　　①만큼　　　②대로　　　③뿐　　　④이랑

□ □ 6.　A : 우리 내일 언제쯤 만날까요?

　　　　B : 나는 내일 회사에 안 가니까 언제 (　　　　) 괜찮아요.

　　　　①만큼　　②말고　　③든지　　④도

□ □ 7.　저는 의사 (　　　　) 세 아이의 아버지예요.

　　　　①라도　　②로써　　③이자　　④에다

□ □ 8.　유학생 (　　　　) 미국에 온 지 1년이 됐어요.

　　　　①부터　　②이라고　　③이란　　④으로서

□ □ 9.　A : 수업 시간에 조용히 좀 해.

　　　　B : 선배 (　　　　) 조용히 해요.

　　　　①야말로　　②한테서　　③마다　　④에게다

□ □ 10.　여러분이 무엇을 (　　　　) 항상 응원할게.

　　　　①하는지　　② 한다고　　③하든지　　④하듯이

□ □ 11.　A : 그 사람하고 얘기하고 왔어요?

　　　　B : 아까 (　　　　) 인사만 하고 왔어요.

　　　　①갔다가　　② 가다가　　③가도록　　④가면서

□ □ 12.　여자 친구가 (　　　　) 왜 다른 여자를 만나요?

　　　　①있으면서　　②있다고　　③있는지　　④있어야

□ □ 13. A : 선생님 늦어서 죄송해요.
　　　　B : 앞으로는 (　　　　　) 주의하세요.
　　　　① 지각하게　　　　　　　② 지각한다고
　　　　③ 지각하지 않는다고　　 ④ 지각하지 않도록

□ □ 14. 아침에 (　　　　　) 밖에 눈이 왔어요.
　　　　① 일어나면　　　　② 일어나니
　　　　③ 일어나서　　　　④ 일어나고

□ □ 15. A : 내일은 일이 바쁠 테니까 한 시간 일찍 오세요.
　　　　B : 한 시간이나 일찍 (　　　　　) ?
　　　　① 오라고요　　　　② 오느냐고요
　　　　③ 올래요　　　　　④ 올 거예요

□ □ 16. A : 우리 아이는 매일 고기랑 생선만 먹어요.
　　　　B : 아이에게 야채를 (　　　　　).
　　　　① 먹게 되세요　　　② 먹게 하세요
　　　　③ 먹기는 해요　　　④ 먹기로 해요

□ □ 17. 일을 시작하기에 앞서 주의점 (　　　　　) 이야기하겠습니다.
　　　　① 에 대해　　　　　② 에 따르면
　　　　③ 에 지나지 않고　 ④ 과 반대로

□ □ 18. 우체국에 (　　　　　) 제 편지 좀 부쳐 주세요.
　　　　① 가다 말고　　　　② 가는 김에
　　　　③ 가다 보면　　　　④ 갈 것 없이

□ □ 19. 오늘 (   ) 일이 많이 바쁜가 봐요.
　　　①안 온 덕분에　　②온 경우에
　　　③안 온 걸 보면　　④오는 도중에

□ □ 20. A : 이 가방 가격이 (   ) 산 거예요?
　　　B : 네, 너무 마음에 들어서 사 버렸어요.
　　　①비싼데도　　　　②비싼 편이라서
　　　③비싼 나머지　　　④비싼 덕분에

□ □ 21. A : 그 분과 사이가 좋은가 봐요.
　　　B : 네, 그 선배는 가족(   ).
　　　①과 반대로　　　　②과 다름없어요
　　　③도 아닌데요　　　④도 가족이에요

□ □ 22. A : 왜 약속을 안 지켰어요?
　　　B : 미안해요. (   ) 바빠서 약속을 잊어버렸어요.
　　　①일했다가　　　　②일하다 보니
　　　③일할 만큼　　　　④일도 일이지만

□ □ 23. A : 왜 이렇게 늦었니?
　　　B : 사실은 집에 (   ) 고등학교 때 친구를 만났어요.
　　　①오는 한　　　　②왔다가
　　　③오는 길에　　　④오자마자

置き換え表現

この問題に効く！ **語彙・文法問題**

（解答は P.164 〜）

■ 文の意味を変えずに、下線部の言葉と置き換えが可能なものを 1 つ選び
ましょう。

□□1.　회의 날짜가 <u>바뀌었습니다</u>.
　　　①막았습니다　　　②멈췄습니다
　　　③그만두었습니다　④변경되었습니다

□□2.　<u>옆에 사는 사람</u>이 도와주었어요.
　　　①가이드　②이웃　③강사　④동창

□□3.　<u>해 보고</u> 힘들었기 때문에 다시 하고 싶지 않아요.
　　　①감추고　②꺼내고　③경험하고　④추가하고

□□4.　여동생이 시험에 <u>붙었어요</u>.
　　　①포기했어요　　　②치료했어요
　　　③합격했어요　　　④초대했어요

□ □ 5. 시험 합격을 <u>바라고</u> 있어요.
①외쳐요   ②희망해요   ③아껴요   ④받아들여요

□ □ 6. 컴퓨터가 고장 났으면 제 컴퓨터를 <u>쓰세요</u>.
①고치세요   ②사용하세요
③돌리세요   ④옮기세요

□ □ 7. 사회 경험이 <u>많은</u> 사원을 찾고 있습니다.
①시원한   ②심각한   ③풍부한   ④적절한

□ □ 8. 저는 주로 먹는 것에 돈을 많이 <u>쓰는</u> 편이에요.
①소비하는   ②거절하는   ③원하는   ④전하는

□ □ 9. 이곳은 사과로 잘 <u>알려진</u> 곳이에요.
①훌륭한   ②아쉬운   ③유명한   ④너무한

□ □ 10. 다음 날 수업이 있으면 <u>미리 공부하는</u> 습관이 중요해요.
①복습하는   ②예습하는   ③챙기는   ④채우는

□ □ 11. 도와주려고 한 것이 <u>오히려</u> 방해가 되었어요.
①언젠가   ②반대로   ③별로   ④문득

□ □ 12. <u>마침내</u> 우리 팀이 이겼어요.
①어느새   ②결국   ③문득   ④여전히

□ □ 13. 밖에 눈이 내려서 <u>한참</u> 바라보았습니다.
①막　　②오랫동안　　③얼른　　④자꾸만

□ □ 14. <u>서둘러서</u> 준비했지만 또 학교에 지각했어요.
①새롭게　　②천천히　　③느리게　　④급하게

□ □ 15. 우리 할머니는 <u>옛날과 다름없이</u> 요리를 잘하세요.
①여전히　　②도저히　　③도대체　　④마음대로

□ □ 16. <u>넓은</u> 마음으로 이해해 주세요.
①꿈만 같은　　　②바다와 같은
③그림 같은　　　④높이 사는

□ □ 17. <u>화가 났지만</u> 끝까지 참았다.
①눈치가 보이지만　　②눈에 띄지만
③마음에 걸리지만　　④열이 받았지만

□ □ 18. 시험이 <u>금방</u>이에요.
①내일모레　　②딱　　③엊그제　　④이날 이때까지

□ □ 19. 우리 딸은 <u>아주 귀엽고 사랑스러워요</u>.
①인상이 깊어요　　②입이 벌어져요
③손을 들어요　　④눈에 넣어도 아프지 않아요

□ □ 20. 쉬지 않고 일을 하면 건강에 좋지 않아요.
①두 번 다시　②때와 장소를 가리지 않고
③일분일초　④밤낮없이

□ □ 21. 이 근처에서는 아주 유명한 사람이에요.
①어깨를 나란히 하는　②숨 쉴 새도 없는
③이름만 대면 아는　④비교도 되지 않는

□ □ 22. 이 가게 가방들이 다 마음에 들어서 못 고르겠어요.
①하나같이　②아닌 게 아니라
③자기도 모르게　④일 년 열두

□ □ 23. 사장님의 마음에 들어 회사에서 성공했어요.
①입을 열어　②눈에 들어
③열이 식어　④정신이 빠져

□ □ 24. 범인은 바로 회사 동료였어요.
①전에 없이　②다름 아닌
③이것도 저것도 아닌　④씻은 듯이

□ □ 25. 어제는 한잠도 안 자고 시험 공부를 했습니다.
①선을 넘어서　②정신을 차리고
③시간 가는 줄 모르고　④밤새워서

合格徹底ドリル 筆記⑤
共通語彙

この問題に効く！ **語彙・文法問題**

（解答は P.166 ～）

■ 2つの（　　　　　）の中に入れることができるものを1つ選びましょう。

□ □ 1.　・양말에 구멍이 (　　　　) 신을 수가 없어요.
　　　　・컴퓨터가 고장 (　　　　) 학교 숙제를 못 했어요.
　　　　①일어나서　　②나서　　③입어서　　④내서

□ □ 2.　・안개가 (　　　　) 운전할 때 앞이 잘 안 보여요.
　　　　・눈썹이 (　　　　) 화장할 때 그리지 않아도 돼요.
　　　　①매워서　　②짙어서　　③많아서　　④깊어서

□ □ 3.　・요새는 핸드폰이 있어서 시계를 (　　　　) 않아도 돼요.
　　　　・남자 친구와 헤어지고 싶지만 (　　　　) 못하겠어요.
　　　　①차지　　②끼지　　③풀지　　④붙이지

□ □ 4.　・겨울이 지나고 봄이 오니 날씨가 (　　　　) 따뜻해요.
　　　　・어려운 일이 잘 (　　　　) 안심하고 있어요.
　　　　①내려서　　②올라서　　③풀려서　　④돼서

□ □ 5.   ·시장에 가면 물가를 (   )으로/로 느낄 수 있어요.
         ·제 친구는 (   )이/가 정말 고와서 부러워요.
         ①마음   ②피부   ③재미   ④손

□ □ 6.   ·이 일 때문에 계속 (   )이/가 무거워요.
         ·우리 회사와 (   )을/를 나란히 하는 회사예요.
         ①어깨   ②작업   ③부담   ④생각

□ □ 7.   ·요즘 게임에 (   ) 팔려서 공부를 안 해요.
         ·(   ) 차려 보니까 병원이었어요.
         ①자신   ②정신   ③의식   ④손발

対話文完成

この問題に効く！ **語彙・文法問題**

（解答は P.168 ～）

■ 対話文を完成させるのに最も適切なものを①～④の中から1つ選びなさい。

□ □ 1.　A : 다음 주에 이사를 간다고요?

　　　　B : (　　　　　　　　　　　)

　　　　A : 왜요? 도시가 편하잖아요.

　　　　B : 도시는 편하지만 저는 도시 생활이 답답해요.

　　　　① 네, 요새 이사 준비 때문에 바빠요.

　　　　② 네, 전부터 시골에서 살아 보고 싶었어요.

　　　　③ 아니요, 이사 가고 싶지만 지금은 무리예요.

　　　　④ 네, 저는 도시에서 살고 싶어요.

□ □ 2.　A : 여기서 뭐 하세요?

　　　　B : (　　　　　　　　　　　)

　　　　A : 친구한테 전화해 보세요.

　　　　B : 아까부터 전화해 봤는데 전화를 안 받아요.

　　　　① 친구를 기다리는데 30분이나 지났는데 안 오네요.

　　　　② 친구를 만나러 가요.

　　　　③ 친구하고 영화를 보러 가려고요.

　　　　④ 오후 1시에 여기서 친구하고 만나기로 했어요.

□ □ 3.　A：회사 동료하고 마음이 안 맞아서 힘들어요.

　　　　B：(　　　　　　　　　　　)

　　　　A：좋은 생각이네요. 동료한테 말해 볼게요.

　　　　①동료하고 얘기하지 마세요.

　　　　②동료가 얘기하면 그 의견에 따르세요.

　　　　③같이 술이라도 마시면서 얘기해 보세요.

　　　　④동료와 만나지 않도록 피하세요.

□ □ 4.　A：왜 무슨 문제라도 있어요?

　　　　B：(　　　　　　　　　　　)

　　　　A：경찰서에 연락했어요?

　　　　B：네, 아까 했어요. 그래서 연락을 기다리고 있어요.

　　　　①오늘 아침에 휴대 전화를 잃어버렸어요.

　　　　②어제 화장실에서 휴대 전화를 찾았어요.

　　　　③오늘 아침에 지갑을 집에 놓고 왔어요.

　　　　④어제 버스에서 지갑을 잃어버렸는데 찾았어요.

□ □ 5.　A：커피 한잔하러 안 갈래요?

　　　　B：(　　　　　　　　　　　)

　　　　A：얼마 전에 새로 생긴 커피숍이 있는데 커피 맛이 아주 좋
　　　　　아요.

　　　　B：정말이요? 그럼 거기로 가요.

　　　　①저는 커피를 안 좋아하는데요.

　　　　②좋아요. 이 근처에 커피숍이 어디 있나요?

　　　　③저는 지금 배가 고픈데요.

　　　　④좋아요. 그런데 식사도 할 수 있는 곳이 있을까요?

□□6. A:죄송하지만 몸이 안 좋아서 조금 일찍 집에 가도 될까
　　　요?
　　　B:(　　　　　　　　　　　)
　　　A:감사합니다. 내일 회사에 와서 이 일을 다 끝내겠습니다.
　　　B:아직 시간이 있으니까 내일 해도 문제없을 거예요.
　　　①오늘 이 일을 다 끝내야 해요.
　　　②몸이 안 좋으면 약을 드세요.
　　　③그래요. 얼른 집에 가서 약 먹고 푹 쉬세요.
　　　④이 근처에 병원이 있나요?

□□7. A:여보세요. 유나 친구 영미인데 유나 지금 집에 있어요?
　　　B:(　　　　　　　　　　　)
　　　A:언제쯤 집에 돌아올까요?
　　　B:글쎄요. 7시에 저녁을 먹으니까 그 전에는 들어올 거예
　　　요.
　　　①유나는 아까 집에 오자마자 친구들하고 놀러 밖에 나갔
　　　어요.
　　　②유나는 집에 오자마자 씻고 자요.
　　　③유나는 부엌에서 요리를 하고 있어요.
　　　④유나는 전화를 계속 기다리고 있었어요.

合格徹底ドリル 筆記⑦
漢字語

この問題に効く！ 漢字問題

（解答は P.170 ～）

■ 下線部の漢字と同じハングルで表記されるものを1つ選びましょう。

□□ 1. 否定
　　①負担　　②分野　　③秘密　　④批判

□□ 2. 歓迎
　　①患者　　②感動　　③完全　　④管理

□□ 3. 現状
　　①事情　　②一定　　③印象　　④放送

□□ 4. 経営
　　①計算　　②季節　　③広告　　④競技

□□ 5. 疑問
　　①技術　　②意識　　③気温　　④記事

□□ 6. 基礎
　　①少年　　②書店　　③初期　　④調査

□ □ 7.　専攻
　　　　①選択　　　②店員　　　③伝統　　　④先輩

■ 下線部の漢字のハングル表記が違うものを１つ選びましょう。

□ □ 8.　①規則　　　②期間　　　③企業　　　④気温

□ □ 9.　①舞台　　　②貿易　　　③母音　　　④無料

□ □ 10.　①時代　　　②市民　　　③実施　　　④支配

□ □ 11.　①全般　　　②電源　　　③戦争　　　④選択

□ □ 12.　①少年　　　②書店　　　③取消　　　④場所

□ □ 13.　①基準　　　②瞬間　　　③順位　　　④単純

□ □ 14.　①最終　　　②宗教　　　③種類　　　④放送

□ □ 15.　①不満　　　②不足　　　③不安　　　④不便

□ □ 16.　①輸入　　　②郵便　　　③左右　　　④俳優

（解答は P.172 ～）

（解答は P.172 ～）

STEP
3

合格徹底ドリル

筆記

■ 文章を読んで【問1】～【問2】に答えてください。

1.

　나는 한국에서 유학한 지 일 년이 되었다. 한국에 살면서 나는 '빨리빨리'라는 말을 자주 들었다. 한국 사람들은 뭐든지 '빨리빨리' 하는 것을 좋아하는 것 같다. 음식을 먹을 때도 빨리 먹고 걸을 때도 빨리 걷고 차를 운전할 때도 빨리 달린다. 한국인이 원래부터 '빨리빨리' 하는 것을 좋아한 것은 아니라고 한다. 한국은 아시아에서 가장 짧은 시간에 경제 발전을 이룬 나라이다. 아마도 그만큼 다른 사람들보다 '빨리빨리'라는 말을 많이 쓸 수밖에 없었을 것이다. 처음에는 한국 사람들의 '빨리빨리'를 이해할 수 없었지만 한국에서 생활하다 보니 지금은 한국인처럼 '빨리빨리'를 많이 쓰게 되었다. 요즘은 한국 친구들이 나에게 한국 사람보다 더 한국 사람 같다고 한다.

＊)아시아 : アジア

【問1】 次の中で"빨리빨리"の文化と関係ないものを①～④の中から1つ選びなさい。

①음식을 먹을 때 빨리 먹는다.

②드라마를 빨리 본다.

③길에서 빨리 걷는다.

④운전할 때 빨리 달린다.

【問2】本文の内容と一致するものを①~④の中から1つ選びなさい。

①나는 한국에서 일 년 동안 살고 있다.

②나는 "빨리빨리"라는 말을 싫어한다.

③한국인은 원래부터 "빨리빨리" 습관이 있다.

④나는 한국 사람이다.

2.

미나 : 영민 씨, 요즘 무슨 걱정이라도 있어요?

영민 : 네, 사실은 같이 사는 친구 때문에 요즘 힘들어요.

미나 : 왜요?

영민 : 같이 방을 쓰는 친구는 유학생인데 내 것을 마음대로 써요.

미나 : 영민 씨 것을 마음대로 쓴다고요?

영민 : 네, 제 물건을 자기 것처럼 써요. 냉장고에 있는 제 음식을 말도 안 하고 먹기도 하고, 어제는 제 옷까지 입었어요.

미나 : 정말이요? 많이 힘들겠네요.

영민 : 친구에게 주의를 주고 싶은데 사이가 나빠지는 게 싫어서 참고 있어요. 그래서 너무 스트레스가 쌓여요.

미나 : 그래도 얘기 안 하고 (   ) 것보다는 얘기해 보는 게 어때요? 얘기해 보면 친구도 이해할 거예요.

영민 : 정말 그럴까요? 오늘 집에 가서 한번 친구하고 얘기해 볼게요.

미나 : 생각보다 잘 될지도 몰라요. 그리고 얘기하고 나면 마음도
       편할 거예요.

＊）스트레스 : ストレス

【問１】（　　　　　　）の中に入る言葉として最も適切なものを①〜④の中か
       ら1つ選びなさい。

       ①주의를 주는　　　　②마음대로 쓰는
       ③스트레스가 쌓이는　④마음이 편한

【問２】本文の内容と一致するものを①〜④の中から1つ選びなさい。

       ①나는 집에서 가족과 산다.
       ②나는 같은 방 친구 때문에 스트레스가 쌓인다.
       ③나는 같은 방 친구하고 사이가 나쁘다.
       ④같은 방 친구는 내 물건을 쓰지 않는다.

訳 文

この問題に効く! 翻訳問題

（解答は P.174 ～）

■ 下線部の日本語訳として適切なものを1つ選びましょう。

□□ 1.　이건 <u>웃어 넘길</u> 일이 아닌 것 같아요.
　　　　①笑わせる　　　　　　②笑って済ませること
　　　　③笑わないこと　　　　④笑いこけること

□□ 2.　운동하고는 <u>거리가 먼</u> 사람이에요.
　　　　①興味がある　　　　　②縁遠い
　　　　③距離を置く　　　　　④仲が悪い

□□ 3.　<u>자기도 모르게</u> 눈물이 나왔어요.
　　　　①あっという間に　　　②こっそり
　　　　③つい　　　　　　　　④思わず

□□ 4.　이번 시험은 <u>느낌이 좋아요</u>.
　　　　①手応えがあります　　②気持ちがいいです
　　　　③易しいです　　　　　④難しいです

□□ 5.　모두 함께 <u>손에 손을 잡고</u> 노력합시다.

　　　　①手に入れて　　　　　　②手を切って

　　　　③仲良く協力して　　　　④掌握して

□□ 6.　내가 먼저 <u>손을 썼어요</u>.

　　　　①手を回しました　　　　②手を入れました

　　　　③手を引きました　　　　④手を借りました

□□ 7.　<u>펜을 놓은지</u> 2년 정도 돼요.

　　　　①ペンを買ってから　　　②ペンをもらってから

　　　　③執筆をやめてから　　　④勉強してから

□□ 8.　아이가 말을 안 듣는 게 <u>어제오늘의 일이 아니에요</u>.

　　　　①近頃です　　　　　　　②時々です

　　　　③たまたまです　　　　　④いつものことです

□□ 9.　이 가게에는 <u>없는 게 없어요</u>.

　　　　①何にもありません　　　②何でもそろっています

　　　　③ない物が多いです　　　④誰もいません

□□ 10.　<u>큰소리만 치지 말고</u> 잘 해 보세요.

　　　　①うるさくおしゃべりしないで

　　　　②大きい声で言わないで

　　　　③自慢ばかりしないで

　　　　④大口ばかりたたいていないで

■ 下線部の韓国語訳として適切なものを1つ選びましょう。

□ □ 11. うちの家族はみんな気が短いです。
　　　　①마음이 급해요　　　②성질이 급해요
　　　　③마음이 짧아요　　　④성격이 나빠요

□ □ 12. 毎日部長の機嫌をうかがっています。
　　　　①눈치가 빨라요　　　②눈치가 없어요
　　　　③눈치를 봐요　　　　④눈치가 보여요

□ □ 13. でたらめな話はやめてください。
　　　　①되지도 않는 소리　②열받는 소리
　　　　③죽는 소리　　　　　④화나는 소리

□ □ 14. 油断していると大変なことになります。
　　　　①마음이 가면　　　　②마음이 급하면
　　　　③마음을 놓고 있다가는　④마음을 쓰고 있다가는

□ □ 15. 人の前では慎重に話してください。
　　　　①말도 못 하세요　　　②말도 안 나오세요
　　　　③말을 막으세요　　　　④말을 아끼세요

□ □ 16. 部長に何も言えずに会社を辞めたのですか？
　　　　①아무 일도 하지 못해서　②아무도 말을 못해서
　　　　③아무 말도 못하고　　　④아무것도 못하고

□ □ 17. <u>度量が狭い人</u>とは一緒に働きづらいです。

①속이 없는　　　　　②속이 좁은

③속이 깊은　　　　　④속이 작은

□ □ 18. 会社の人と<u>足並みをそろえて</u>働いています。

①손을 빌려서　　　　②손을 써서

③손을 잡아서　　　　④손발을 맞춰서

□ □ 19. 会社が大変な時に<u>手をこまねいてじっとしているのか？</u>

①손을 쓰고 있을 거야?

②손을 빌려줄 거야?

③가만히 앉아만 있을 거야?

④손을 뗄 거야?

□ □ 20. 話の<u>つじつまが合いません</u>。

①앞뒤가 안 맞아요　　②얼굴이 안 맞아요

③앞뒤가 달라요　　　④눈이 안 맞아요

略徹底ド

聞き取

聞取①　イラスト問題

P.82 〜

1. ① ◀ ①우체국에서 소포를 보내려고 합니다.
②우체국에서 저금을 하려고 합니다.
③박물관에서 편지를 부치려고 합니다.
④박물관에서 우표를 사려고 합니다.

①郵便局で小包を送ろうとしています。
②郵便局で貯金をしようとしています。
③博物館で手紙を出そうとしています。
④博物館で切手を買おうとしています。

Point 우체국(郵便局)に関連する소포를 보내다(小包を送る)、저금을 하다(貯金をする)、편지를 부치다(手紙を出す)、우표를 사다(切手を買う)などの表現も覚えておきましょう。

2. ② ◀ ①집에서 하나역까지 걸어서 갑니다.
②하나역에서 지하철을 타고 회사에 갑니다.
③지원역에서 2호선으로 갈아탑니다.
④사천역에서 회사까지 버스로 갑니다.

①家からハナ駅まで歩いて行きます。
②ハナ駅から地下鉄に乗って会社に行きます。
③チウォン駅で2号線に乗り換えます。
④サチョン駅から会社までバスで行きます。

Point 집(家)から버스정류장(バス停留所)、하나역(ハナ駅：2号線)、지원역(チウォン駅：4号線・乗換駅)、사천역(サチョン駅：4号線)、회사(会社)までの通勤ルートをしっかり確認しましょう。「(場所)から」は〜에서、「歩いて行く」は걸어서 가다、「(乗り物)に乗り換える」は〜(으)로 갈아타다、「(交通手段)で」は〜(으)로なので、注意しながら聞き取りましょう。

3. ③ ◀ ①사람들이 그림을 그리고 있습니다.

134

②사람들이 함께 이야기를 하고 있습니다.

③사람들이 악기를 연주하고 있습니다.

④여자들만 악기를 좋아하는 것 같습니다.

> ①人々が絵を描いています。
> ②人々が一緒に話をしています。
> ③人々が楽器を演奏しています。
> ④女性たちだけが楽器を好きなようです。

Point 악기를 연주하다(楽器を演奏する)という表現の他に그림을 그리다(絵を描く)などの表現も覚えましょう。

聞取② 語彙　　　　　　　　　　　　　　　　P.85 〜

1. ② ◀ 옛날에 있었던 물건이나 유명한 작품 등을 볼 수 있는 곳입니다.

①미용실　②박물관　③마당　④마루

> 昔あった物や有名な作品などを見られる所です。
> ①美容院　②博物館　③庭　④縁側

Point 박물관(博物館)の他に미술관(美術館)、미용실(美容室)、마당(庭)、마루(縁側)など場所の名前を覚えましょう。

2. ① ◀ 학교 선생님이 집에서 하도록 주는 것입니다.

①숙제　②명령　③모임　④미술

> 学校の先生が家でするように渡す物です。
> ①宿題　②命令　③会合　④美術

Point 학교(学校)と関連のある선생님(先生)、교사(教師)、강사(講師)、초등학생(小学生)、중학생(中学生)、고등학생(高校生)、대학생(大学生)、운동장(運動場)、미술(美術)、국어(国語)、수학(数学)、과학(科学)、음악(音楽)、체육(体育)などの単語も覚えましょう。

3. ① ◀ 혼자서 책을 보면서 공부하는 것을 말합니다.

①독학　②독서　③습관　④연기

> 一人で本を読みながら勉強することを言います。
> ①独学　②読書　③習慣　④演技

135

Point 혼자서(一人で)という単語がポイントです。**책을 보면서**(本を読みながら)があるので**독서**(読書)を選びがちですが、注意して最後の**공부하다**(勉強する)まできちんと聞き取りましょう。**독학**[도칵]の発音にも注意しましょう。

---

4. ④ ◀ **같은 학교에서 같이 공부한 친구를 말합니다.**
   ①**동료** ②**연령** ③**원장** ④**동창**

   > 同じ学校で一緒に勉強した友達を言います。
   > ①同僚 ②年齢 ③院長 ④同窓（生）

   Point **같은 학교**(同じ学校)、**같이 공부한**(一緒に勉強した)がポイントです。**동창생**(同窓生)の意味で**동창**(同窓)と言います。**같은 회사**(同じ会社)、**같이 일한**(一緒に働いた)でしたら**동료**[동뇨](同僚)です。

---

5. ③ ◀ **잘 때 눕기 위해서 사용하는 것입니다.**
   ①**숙소** ②**숙박** ③**침대** ④**수술**

   > 寝る時に横になるために使用する物です。
   > ①宿所 ②宿泊 ③ベッド ④手術

   Point **것**(物、こと、～の)は、**곳**(所)と発音が似ていて混同しやすいので、**자다**(寝る、眠る)、**눕다**(寝る、横になる)という単語を聞いて**숙소**(宿所)または**숙박**(宿泊)と混同しやすいでしょう。繰り返して聞き取って確認しましょう。

---

6. ④ ◀ **엄마의 언니나 여동생을 말합니다.**
   ①**장남** ②**삼촌** ③**고모** ④**이모**

   > お母さんの姉や妹を言います。
   > ①長男 ②おじ（父の兄弟） ③おば（父の姉妹） ④おば（母の姉妹）

   Point 「おば」は母の姉妹だと**이모**、父の姉妹だと**고모**というように、母方か父方で呼称が異なります。

---

7. ② ◀ **하루에 있었던 일을 쓰는 것을 말합니다.**
   ①**후보** ②**일기** ③**휴지** ④**혼잣말**

   > 一日にあったことを書く物を言います。

①候補　②日記　③ちり紙　④ひとり言

Point 하루(一日)という単語がポイントです。**쓰다**にはいろいろな意味があり、「使う」という意味では**휴지**(ちり紙)とも結び付きますので注意しましょう。

---

8. ① ◀ 가게에서 옷이나 물건을 파는 것을 말합니다.

①판매　②환경　③행동　④표현

店で服や物を売ることを言います。
①販売　②環境　③行動　④表現

STEP 3 合格徹底ドリル 解答 聞き取り

---

9. ③ ◀ 집에서 첫 번째로 태어난 아들을 말합니다.

①주인공　②작은아들　③장남　④장녀

家で一番目に生まれた息子を言います。
①主人公　②下の息子　③長男　④長女

Point 長男は**장남**または**큰아들**、長女は**장녀**または**큰딸**になります。**맏이**[마지](長子)は、長男、長女どちらについても使えます。

---

10. ③ ◀ 글을 잘못 썼을 때 쓰는 것을 말합니다.

①제품　②유리　③지우개　④종교

文を書き間違えた時に使う物を言います。
①製品　②ガラス　③消しゴム　④宗教

Point **잘못~**は「～し間違える」という意味で、**잘못 타다**(乗り間違える)、**잘못 보다**(見間違える)、(**전화를**) **잘못 걸다**(<電話を>かけ間違える)のように使います。

---

11. ① ◀ 사람을 혼자서만 좋아하는 것을 말합니다.

①짝사랑　②희망　③형용사　④집사람

人を（自分）一人だけで好きになることを言います。
①片思い　②希望　③形容詞　④妻

---

12. ② ◀ 버스나 전철, 지하철을 탈 때 쓰는 돈을 말합니다.

①차표　②차비　③용돈　④전공

バスや電車、地下鉄に乗る時に使うお金を言います。
①乗車券　②運賃　③小遣い　④専攻

Point 交通費、運賃は**차비**と言います。**돈**（お金）という言葉が入っているために**용돈**（小遣い）と迷うかもしれません。それぞれの単語の意味をきちんと覚えておきましょう。

13.　② 　◀ 언니나 오빠의 아들, 딸을 말합니다.
①손자　②조카　③따님　④윗사람

姉や兄の息子、娘のことを言います。
①孫息子　②おい／めい　③娘さん　④目上の人

Point 「おい」も「めい」もどちらも**조카**と言います。ちなみに「孫」は、孫息子が**손자**、孫娘は**손녀**と言います。

14.　④ 　◀ 자기 집이나 어떤 장소로 사람을 부르는 것을 말합니다.
①제공　②조건　③전원　④초대

自分の家やある場所へ人を呼ぶことを言います。
①提供　②条件　③全員　④招待

15.　③ 　◀ 버스를 타기 위해서 기다리는 곳을 말합니다.
①음식점　②온천　③정류장　④외과

バスに乗るために待つ所を言います。
①飲食店　②温泉　③停留所　④外科

Point バスに乗るために待つ場所は**정류장**［정뉴장］（停留所）、電車や地下鉄に乗るための場所は**전철역**［전철력］、**지하철역**［지하철력］（電車駅、地下鉄駅）、飛行機に乗るための場所は**공항**（空港）です。

16.　① 　◀ 한 언어를 다른 언어로 옮겨서 말하는 것입니다.
①통역　②프로필　③현금　④특기

ある言語を別の言語に言い換えることです。
①通訳　②プロフィール　③現金　④特技

Point 言葉を別の外国語に言い換えることは**통역**（通訳）、**번역**（翻訳）、お金を別の国のお金に替えることは**환전**（両替）です。

17. ① ◀ 식사할 때 이것을 든다고 합니다.

①숟가락 ②숨 ③술 ④손등

食事する時に、これを持つと言います。
①さじ ②息 ③酒 ④手の甲

Point 숟가락을 들다は直訳すると「さじを持つ」で、「食事する」という意味の慣用句です。その他に、숨 쉴 새도 없다(息つく暇もない)、숨을 쉬다(息をする、生きて活動する)、숨이 막히다(息が詰まる、息苦しい)などの慣用句も覚えましょう。

18. ② ◀ 너무 기쁠 때 이것이 벌어진다고 합니다.

①코 ②입 ③입술 ④어깨

とてもうれしい時に、これが開くと言います。
①鼻 ②口 ③唇 ④肩

Point 입이 벌어지다は直訳すると「口が開く」で、「(うれしくて)口元がほころぶ」「唖然とする」「呆れて物が言えない」という意味を持つ慣用句です。その他に입을 딱 벌리다(<呆れたり驚いたりして>口をあんぐり開ける)、입을 열다(話し始める、口を割る)などの慣用句もあります。

19. ② ◀ 직접 경험하는 것을 이것으로 느낀다고 합니다.

①손 ②피부 ③발가락 ④발

直接経験することを、これで感じると言います。
①手 ②肌 ③足の指 ④足

Point 피부로 느끼다(肌で感じる)の他に、손을 대다(触る、取り掛かる、手を加える、殴る)、발을 빼다(手を引く、足を洗う)などの慣用句も覚えましょう。

聞取③ 応答文選択　　　　　　　　　　　　P.90 〜

1. ③ ◀ 내일 모임에 몇 명 정도 온대요?

①네, 내일 꼭 온다고 해요.

②아니요, 두 명만 온대요.

③열 명 온다고 들었어요.

④일 때문에 조금 늦을 거래요.

> 明日の会合に何人くらい来ると言っていますか？
> ①はい、明日必ず来るそうです。
> ②いいえ、2人だけ来るそうです。
> ③10名来ると聞きました。
> ④仕事のせいで少し遅れるそうです。

Point 몇 명(何人)に対する適切な答えを選ぶ問題です。②では두 명(2人)と答えていますが、아니요(いいえ)と否定していて対話が成り立っていません。온대요？は、온다고 해요？を縮約した表現で「来ると言っていますか？」「来るそうですか？」という意味になります。

2.　④　◀ 급한 일이라도 있대요?

①네, 어제 본 영화가 너무 재미있었대요.

②아니요, 오늘 일이 너무 바쁘대요.

③집안일을 안 좋아한대요.

④갑자기 볼일이 생겨서 집에 가야 한대요.

> 急用でもあると言っていましたか？
> ①はい、昨日見た映画がとても面白かったそうです。
> ②いいえ、今日仕事がとても忙しいそうです。
> ③家事は嫌いだそうです。
> ④急に用事ができて家に帰らなければならないそうです。

Point 間接話法の縮約形、形容詞＋대요、있＋대요、動詞＋ㄴ/는대요を覚えておきましょう。급한は終声ㅂ＋初声ㅎの激音化（ㅂ＋ㅎ→ㅍ）により[그판]に、급한 일[그판＋일]はㄴ添加により[그판닐]と発音します。볼일はㄴ添加により[볼닐]、その後流音化により[볼릴]になるので、発音に注意しながら聞き取りましょう。

3.　③　◀ 배고픈데 우리 뭐라도 먹으러 갈까요?

①아니요, 저는 요리를 하고 싶지 않아요.

②네, 배가 너무 고파서 밥을 먹었어요.

③좋아요. 그런데 뭐 먹을까요?

④어머니는 요리를 잘 하세요?

> おなかがすいたので、何か食べに行きましょうか？
> ①いいえ、私は料理をしたくありません。
> ②はい、おなかがとてもすいてご飯を食べました。
> ③いいですよ。ところで何を食べましょうか？
> ④お母さんは料理が上手ですか？

Point 食事に誘われた時に返す言葉として適切なものを選ぶ問題です。

---

4. ④ ◀ 이 가방 제가 정말 아끼는 거예요.
　　①가방이 많이 쌌어요?
　　②아끼는 가방이 어느 거예요?
　　③이 가방 언제 샀어요?
　　④왜요? 혹시 선물 받은 거예요?

> このかばん、私が本当に大事にしているものです。
> ①かばんがとても安かったんですか？
> ②大事なかばんはどれですか？
> ③このかばん、いつ買いましたか？
> ④なぜですか？　もしかしてプレゼントされたんですか？

Point 相手が**아끼는 가방**(大事にしているかばん)だと話しているので、かばんの値段や買った時期などではなく、大事にしている理由を尋ねるのが適切な応答文です。

---

5. ① ◀ 어제 약속을 못 지켜서 정말 미안해요.
　　①두 시간이나 기다렸는데 정말 너무해요.
　　②어제 저는 회사 일이 너무 바빴어요.
　　③제 친구를 울리지 마세요.
　　④저녁은 친구하고 밖에서 사 먹었어요.

> 昨日約束を守れなくて本当にごめんなさい。
> ①２時間も待ったのに、本当にひどいです。
> ②昨日私は会社の仕事がとても忙しかったです。
> ③私の友達を泣かせないでください。
> ④夕食は友達と外食しました。

約束を守れなかったので、謝っている人に対して返す言葉として適切なものを選ぶ問題です。「大丈夫」もしくは「気にしないで」などという返答は選択肢にないので、約束を守らなかったことを責めている返答がこの場合の適切な応答文になります。**밖에서 사 먹다**は「外で食べる」。つまり「外食する」という意味です。

---

6. ③ ◀ 이 세탁기 어제부터 잘 안 움직여요.
　①왜 빨래를 안 해요?
　②왜 빨래가 쌓였어요?
　③혹시 고장난 거 아니에요?
　④이 세탁기 어제 샀어요?

> この洗濯機、昨日からうまく動きません。
> ①なぜ洗濯をしないんですか？
> ②なぜ洗濯がたまっているんですか？
> ③ひょっとして故障したんじゃないですか？
> ④この洗濯機、昨日買いましたか？

洗濯機の調子がおかしいと聞いた後の反応として適切なものを選ぶ問題です。故障を疑う内容が一番ふさわしい答えになります。

---

7. ③ ◀ 죄송하지만 표 파는 데가 어디죠?
　①표가 너무 비싸요.
　②은행 앞에 있는 사람이에요.
　③저기 자동판매기 옆에 있어요.
　④표 두 장 주세요.

> すみませんが、チケット売り場はどこですか？
> ①チケットが高すぎます。
> ②銀行の前にいる人です。
> ③あそこの自動販売機の横にあります。
> ④チケット２枚下さい。

場所(チケット売り場)を尋ねているので、「自動販売機の横」という位置を説明している答えを選びましょう。「銀行の前」という表現もありますが、「銀行の前にいる人」なので位置ではなく人を指してい

ます。

8. ① ◀ 미영 씨가 오늘 회사에 지각을 했대요.
    ①미영 씨가요? 정말 드문 일이네요.
    ②미영 씨가요? 제가 전화할게요.
    ③회사에 지각하면 안 돼요.
    ④자꾸만 회사에 지각하지 마세요.

> ミヨンさんが今日会社に遅刻したそうです。
> ①ミヨンさんがですか？　本当に珍しいことですね。
> ②ミヨンさんがですか？　私が電話します。
> ③会社に遅刻しては駄目です。
> ④何度も会社に遅刻しないでください。

Point 遅刻したミヨンについて話していますが、ミヨン本人に対して話す内容ではないので、「会社に遅刻しては駄目です」「何度も会社に遅刻しないでください」などの表現はこの場合の応答文としては適切ではありません。

9. ② ◀ 우리 부부는 결혼하고 정말 많이 싸웠어요.
    ①정말 사이가 좋네요.
    ②그래도 부부 사이는 변함없잖아요.
    ③정말이요? 부럽네요.
    ④결혼하면 싸우지 마세요.

> うちの夫婦は結婚して本当によくけんかしました。
> ①本当に仲がいいですね。
> ②でも夫婦仲は変わりないじゃないですか。
> ③本当ですか？　うらやましいですね。
> ④結婚したらけんかしないでください。

10. ③ ◀ 뭘 이렇게 많이 차리셨어요?
    ①음식 준비하기 힘드셨죠?
    ②언제 이렇게 차리셨어요?
    ③음식이 입에 맞을지 모르겠네요.

④저는 고기를 정말 좋아해요.

> 何をこんなにたくさん準備なさったんですか？
> ①食事の準備をするのが大変だったでしょう？
> ②いつこんなに準備なさったんですか？
> ③食事が口に合うか分かりませんね。
> ④私は肉が本当に好きです。

Point 正解の表現は、用意した料理について褒められた時などに謙遜する決まり文句としてよく使われる表現で、「お口に合うか分かりませんが」「お口に合えばいいのですが」のようなニュアンスになります。

・・

11. ② ◀ 지난주에 계속 날씨가 안 좋았죠?

①네, 계속 날씨가 맑았어요.

②네, 큰비 때문에 야채랑 과일의 피해가 컸어요.

③날씨가 좋아서 산책했어요.

④이번 주에 아마 비가 올 거예요.

> 先週ずっと天気が良くなかったですよね？
> ①はい、ずっと晴れていました。
> ②はい、大雨のせいで野菜と果物の被害が大きかったです。
> ③天気が良くて散歩しました。
> ④今週たぶん雨が降るでしょう。

Point 先週天気が良くなかったことと関係のある話を選びましょう。天気が良くなかったので、否定的な内容が解答になる可能性が高いです。

聞取④ 内容理解①   P.94～

1. ② ◀ 제 남동생은 작년에 대학을 졸업하고 무역 회사에 취직했어요. 처음에는 일이 너무 즐겁다고 하면서 좋아했어요. 그런데 남동생은 요새 회사 일이 너무 힘들다고 해요. 그래서 회사를 그만두려고 해요. 일이 적은 다른 회사로 옮기고 싶대요. 남동생이 열심히 준비해서 취직한 회사라서 저는 반대했어요. 다른 회사에 가도 힘든 것은 똑같다고 했어요.

私の弟は去年大学を卒業して貿易会社に就職しました。最初は仕事がと

ても楽しいと言って喜んでいました。でも弟は最近会社の仕事がとても
つらいと言っています。それで会社を辞めようとしています。仕事が少
ない別の会社に移りたいそうです。弟が一生懸命準備して就職した会社
なので、私は反対しました。別の会社に行ってもつらいのは同じだと言
いました。

Point 選択肢を文章の内容と一致するように直すと、①弟は去年大学
を卒業した。③弟は今の会社を辞めて違う会社に移ろうとしている。
④私は弟に会社を移らないように言った。**회사를 그만두다**（会社を辞
める）、**다른 회사로 옮기다[옴기다]**（別の会社に移る）などの表現を
しっかり聞き取りましょう。

---

2. ④ ◀ 저는 대학생 때 한국에서 이 년 동안 유학을 했습니다. 처음에는 한
국어를 잘 못하고 음식도 입에 맞지 않아서 힘들었습니다. 그런데
같은 반 친구들과 한국인 선배가 너무 많이 도와줘서 조금씩 좋아졌
습니다. 처음에 가족도 없고 혼자였기 때문에 힘든 부분도 있었지만
유학을 한 덕분에 자신감도 생겼습니다. 그리고 지금은 한국 사람보
다 매운 요리를 더 잘 먹습니다. 한국 문화도 많이 경험했고 한국 역
사, 한국어도 많이 공부할 수 있어서 정말 좋은 경험이었습니다. 지
금은 일본에 돌아와서 한국 회사에서 일하고 있습니다.

私は大学生の時、韓国に2年間留学をしました。最初は韓国語がうま
くできず食事も口に合わなくて大変でした。しかし、同じクラスの友
達と韓国人の先輩がとてもたくさん手伝ってくれて、少しずつ良くな
りました。初めは家族もいなくて一人だったのでつらい部分もありま
したが、留学をしたおかげで自信もつきました。そして今は韓国の人
よりも辛い料理をよく食べます。韓国の文化もたくさん経験し、韓国
の歴史、韓国語もたくさん勉強することができて本当に良い経験でし
た。今は日本に帰ってきて韓国の会社で働いています。

Point 選択肢を文章の内容と一致するように直すと、①大学の時2年間
留学をした。②留学した時に韓国料理が口に合わなくて大変だった。③
今は辛い料理をよく食べる。韓国に留学していた時の内容と現在日本
にある韓国の会社に勤めているという内容を理解した上で問題を解き
ましょう。

---

3. ① ◀ 여 : 저기 보이는 산까지 걸어서 가면 얼마나 걸릴까요?

남 : 꽤 멀어요. 1시간 정도 걸릴 거예요.

여 : 조금 멀지만 버스를 안 타고 한번 걸어 볼래요.

남 : 그렇게 하세요. 차비도 아낄 수 있고 운동도 되니까 좋을 것 같네요.

> 女：あそこに見える山まで歩いて行ったらどれくらいかかるでしょうか？
> 男：かなり遠いですよ。１時間くらいかかると思います。
> 女：少し遠いですが、バスに乗らずに一度歩いてみます。
> 男：そうしてください。交通費も節約できるし運動にもなるからいいですね。

Point 選択肢を対話文の内容と一致するように直すと、②男性の予定は話していない。③山まで歩いて１時間くらいかかる。④山までのバス代の金額は分からない。**차비를 아끼다**（交通費を節約する）という言葉を覚えておきましょう。

---

4. ① ◀ 남 : 그 영화가 몇 시에 시작해요? 오늘 너무 보고 싶은데.

여 : 오후 2시 반이에요.

남 : 근데 지금 가도 표가 있을까요?

여 : 오늘은 평일이니까 서둘러서 가면 표가 있을 거예요.

> 男：あの映画は何時に始まりますか？　今日とても見たいんですが。
> 女：午後２時半です。
> 男：でも、今行ってもチケットがあるでしょうか？
> 女：今日は平日だから急いで行けばチケットはあると思いますよ。

Point 選択肢を対話文の内容と一致するように直すと、②男性はあの映画が今日とても見たい。③男性はまだ映画のチケットを買っていない。④今日は平日なので（２時半からの）映画のチケットが買えるかもしれない。**예매**（前売り券を買うこと）という単語は会話に出ていません。

---

5. ② ◀ 여 : 날씨가 많이 따뜻해졌지요?

남 : 네, 벌써 봄이 왔나 봐요. 여기저기 꽃도 많이 피었어요.

여 : 이제 겨울 옷도 정리해야 하는데 일이 바빠서 못 하고 있어요.

남 : 저도 그래요. 이번 주말에는 꼭 하려고요.

女：天気がとても暖かくなりましたよね。

男：はい、もう春が来たみたいです。あちこちで花もたくさん咲いて
　　います。

女：もう冬服も整理しないといけないけど、仕事が忙しくてできずに
　　います。

男：私もそうです。今週末に必ずやろうと思います。

Point 選択肢を対話文の内容と一致するように直すと、①今は春でと
ても暖かくなった。④冬の服を今週末に整理するつもりだ。形容詞語
幹＋**아 / 어 / 여지다**は「～くなる、～になる」という意味です。**따뜻하**＋
여졌다で**따뜻해졌다**(暖かくなった)、さらに**-지요?**を付けると**따뜻해
졌지요?**(暖かくなりましたよね?)です。

6.　③　◀　남：이게 무슨 소리예요? 비가 오는 소리 같아요.

　　　　여：네, 밖에 비가 오나 봐요. 소리를 들어 보니까 큰비인 것 같아요.

　　　　남：비가 조금 약해질 때까지 기다리다가 갑시다.

　　　　여：네, 그렇게 해요.

男：これ何の音ですか？　雨が降っている音のようです。

女：はい、外で雨が降っているみたいです。音を聞くところ大雨のよ
　　うですね。

男：雨が少し弱まるまで待ってから行きましょう。

女：はい、そうしましょう。

Point 選択肢を対話文の内容と一致するように直すと、①大雨が降っ
ているようだ。④二人は雨が少し弱くなるのを待っている。**큰비**(大雨)、
비가 약해지다[야캐지다](雨が弱まる)などの単語や表現をしっかり
聞き取りましょう。**약하다**(弱い)は**약하**＋**여지다→약해지다**(弱くなる、
弱まる)となります。

7.　②　◀　여：다음 달에도 계속 영어를 배우실 거예요?

　　　　남：아니요, 시간이 없어서 그만두려고요.

　　　　여：일이 많이 바쁘신가 봐요.

　　　　남：네, 올해 계속 일이 바쁠 것 같아요. 영어 공부는 내년쯤에 다시
　　　　　　시작하려고요.

STEP 3　合格徹底ドリル　解答 聞き取り

女：来月も引き続き英語を習う予定ですか？
男：いいえ、時間がないので辞めようと思っています。
女：仕事がとてもお忙しそうですね。
男：はい、今年はずっと仕事が忙しいと思います。英語の勉強は来年
　　頃に再開しようと思います。

Point 選択肢を対話文の内容と一致するように直すと、①男性は最近
仕事が忙しい。③男性はしばらく休んでから英語の勉強を再開する予
定だ。④男性は今年ずっと仕事が忙しそうだ。

聞取⑤ 内容理解②　　　　　　　　　　　　　　　　　P.98〜

1.　②　◀ 올해 저는 공무원이 되었습니다. 공무원이 되고 싶어서 2년 동안
열심히 준비를 했습니다. 사실은 재작년에 한 번 시험에 떨어졌습니
다. 그래서 작년에 다시 시험을 보려고 공부했습니다. 하지만 시험이
너무 어려울 것 같아서 자신이 없었습니다. 그런 저에게 부모님도 선
배, 친구들도 많이 도와주었습니다. 그 덕분에 저는 시험에 합격하고
올해 공무원이 되었습니다.

今年私は公務員になりました。公務員になりたくて2年間一生懸命準備
しました。実は一昨年、一度試験に落ちました。それで去年また試験を
受けようと勉強しました。しかし、試験がとても難しそうで、自信があ
りませんでした。そんな私に、両親も先輩、友達もいろいろと手助けし
てくれました。そのおかげで私は試験に合格し、今年公務員になりました。
①大学院の試験は難しそうで自信がなかった。
②私は公務員試験に落ちたことがある。
③公務員試験は初めてなのでとても緊張する。
④公務員になりたくて1年間一生懸命準備した。

Point 選択肢を文章の内容と一致するように直すと、①**공무원 시험이**
어려울 것 같아서 자신이 없었다（公務員試験が難しそうで自信がな
かった）③**공무원 시험은 2번 봤다**（公務員試験は2回受けた）④**공무**
원이 되고 싶어서 2년 동안 열심히 준비했다（公務員になりたくて2
年間一生懸命準備した）となります。公務員試験は2回受けたが、1回
目は失敗、2回目に合格し、今年公務員になったという内容です。

2. ③ ◀ 어제 여동생하고 작은 일 때문에 크게 싸웠어요. 여동생이 3살 때부터 지금까지 계속 여동생하고 같은 방을 쓰고 있는데 저도 이제 대학생이니까 제 방이 있었으면 좋겠어요. 하지만 부모님은 대학교를 졸업하고 취직할 때까지는 안 된다고 하세요. 그 대신 취직하면 독립해도 좋다고 하셨어요. 아직 2년은 여동생하고 같은 방에서 더 지내야 하는데 사이좋게 지낼 자신이 없어요. 취직해서 빨리 독립하고 싶어요.

> 昨日妹とささいなことでひどくけんかしました。妹が３歳の時から今までずっと妹と同じ部屋を使っていますが、もう私も大学生だから自分の部屋が欲しいです。しかし両親は大学を卒業して就職をするまでは駄目と言っています。その代わり就職したら独立してもいいと言いました。まだ２年はこの部屋で暮らさないといけないのに、仲良く過ごせる自信がないです。就職して早く独立したいです。
> ①今朝友達とけんかした。
> ②今妹と１年間同じ部屋を使っている。
> ③大学を卒業して就職したら独立したい。
> ④今週末に妹と話をしてみる。

Point 選択肢を文章の内容と一致するように直すと、①**어제 여동생하고 싸웠다**(昨日妹とけんかした) ②**여동생이 3살 때부터 같은 방을 썼다**(妹が３歳の時から同じ部屋を使っている) ④**취직해서 빨리 독립하고 싶다**(就職して早く独立したい) となります。妹とずっと同じ部屋を使っていたので就職して早く独立したいという内容です。**있었으면 좋겠어요**は、「あったらいいと思います」すなわち「欲しいです」という意味です。

---

3. ③ ◀ 남 : 오늘 기분이 좋은가 봐요?
여 : 네, 오랜만에 친구랑 영화를 보러 가기로 했거든요.
남 : 무슨 영화를 볼 건데요?
여 : 친구랑 만나서 먼저 저녁 먹으면서 정하기로 했어요.

> 男 : 今日は気分がいいみたいですね?
> 女 : はい、久しぶりに友達と映画を見に行くことにしたんです。
> 男 : 何の映画を見るんですか?
> 女 : 友達と会って、まず夕食を食べながら決めることにしました。
> ①男性は今日、とても気分がいい。
> ②男性は今日、友達に会って夕食を食べることにした。

③女性は久しぶりに友達と映画を見る予定だ。
④女性は友達と映画を見て夕食を食べる予定だ。

Point 選択肢を対話文の内容と一致するように直すと、①**여자는 오늘 기분이 좋다**（女性は今日気分がいい）②**여자는 오늘 친구를 만나서 저녁을 먹기로 했다**（女性は今日友達に会って夕食を食べることにした）④**여자는 친구랑 저녁을 먹고 영화를 볼 것이다**（女性は友達と夕食を食べて映画を見る予定だ）となります。女性は今日友達に会って夕食を食べながら何の映画を見るか決める予定なので、とても気分がいいという内容です。

---

4. ④ ◀ 남：이 옷이 저한테 잘 맞을까요?
여：네, 잘 맞을 거예요. 한번 입어 보세요.
남：그럼 이 티셔츠 한번 입어 볼게요. 어디에서 입을 수 있어요?
여：저기 빨간 문이 있는 곳에서 입으세요.

男：この服、私にちゃんと合うでしょうか？
女：はい、ちゃんと合うと思いますよ。ちょっと試着なさってみてください。
男：では、このTシャツをちょっと着てみます。どこで着られますか？
女：あそこの赤いドアがある所で着てください。
①女性は服がとてもよく合う。
②女性はTシャツをちょっと試着してみた。
③男性は赤いTシャツを試着するつもりだ。
④男性は洋服店で服を選んでいる。

Point 選択肢を対話文の内容と一致するように直すと、①**여자는 가게 점원이다**（女性は店の店員さんだ）②**남자는 티셔츠를 입어 볼 것이다**（男性はTシャツを試着するつもりだ）③**남자는 빨간 문이 있는 곳에서 옷을 입어 볼 것이다**（男性は赤いドアがある所で服を試着するつもりだ）となります。洋服店で服を選んでいる男性が、赤いドアのある所でこれからTシャツを試着するという内容です。赤いドアであり、赤いTシャツではないので引っかからないように注意しましょう。**입어 보다**（着てみる）は、「試着する」という意味もあります。

---

5. ① ◀ 남：여보세요. 김 과장님 좀 부탁합니다.

여 : 지금 회의 중이신데요. 30분 후에 다시 걸어 주시겠습니까?
남 : 그럼 죄송하지만 메모 좀 전해 주시겠습니까?
여 : 네, 말씀하십시오.

> 男：もしもし。キム課長さんをお願いします。
> 女：今、会議中なんです。30分後にかけ直してくださいますか？
> 男：では、すみませんが伝言をお願いしてもよろしいですか？
> 女：はい、お話しください。
> ①キム課長は今席にいない。
> ②キム課長は伝言を伝えてくれた。
> ③会議は30分間開かれる予定だ。
> ④電話では伝言を伝えられない。

Point 選択肢を対話文の内容と一致するように直すと、②김 과장에게 메모를 전해 줄 것이다(キム課長に伝言を伝えるつもりだ)④전화로 메모를 전할 예정이다(電話で伝言を伝えるつもりだ)となります。キム課長は今会議に行っていて、男性はキム課長宛てに伝言を残すつもりです。特に会議時間などは言及されていません。ただ30分後には席に戻っているはずだという内容です。메모를 전하다は、「メモを伝える、メモを残す、伝言を残す」という意味で、すなわち메모 좀 전해 주시겠습니까？は「伝言をお願いしてもよろしいですか？」という意味になります。

6. ④ ◀ 여 : 이번 휴가 때 무슨 계획 있으세요?
　　 남 : 오랜만에 고등학교 때 친구들하고 술 마시면서 쌓인 이야기를
　　　　 할 거예요.
　　 여 : 어디 여행은 안 가세요?
　　 남 : 네, 미리 예약을 해야 하는데 바빠서 못 했어요.

> 女：今度の休暇は何か計画がありますか？
> 男：久しぶりに高校の時の友達とお酒を飲みながら積もる話をするつもりです。
> 女：どこか旅行には行かれないんですか？
> 男：はい、あらかじめ予約をしないといけないのですが、忙しくてできませんでした。
> ①女性は休暇の時に旅行に行くつもりだ。
> ②男性は忙しいがあらかじめ旅行の予約をした。
> ③女性は仕事が忙しくて友達に会う時間がない。

④男性は休暇の時に友達に会う予定だ。

Point 選択肢を対話文の内容と一致するように直すと、①**남자는 휴가 때 여행을 못 간다**(男性は休暇の時に旅行に行けない) ②**남자는 바빠서 미리 여행 예약을 못 했다**(男性は忙しくてあらかじめ旅行の予約ができなかった)となります。男性は休暇中に高校時代の友達とお酒を飲む予定で、忙しくてあらかじめ予約ができなかったので旅行は行けないという内容です。

---

7. ④ ◀ 남 : 무슨 일이십니까?

　　여 : 가방을 지하철에 놓고 내렸어요.

　　남 : 어떤 가방입니까?

　　여 : 까만색 서류 가방이에요. 중요한 서류하고 휴대 전화가 들어 있어요.

> 男：どうなさいました？
> 女：かばんを地下鉄に忘れて降りてしまいました。
> 男：どんなかばんですか？
> 女：黒色の書類かばんです。大事な書類と携帯電話が入っています。
> ①男性はかばんをバスに忘れて降りた。
> ②女性のかばんの中には書類と財布が入っている。
> ③男性は地下鉄の中で音楽を聞いた。
> ④女性は黒色の書類かばんを捜している。

Point 選択肢を対話文の内容と一致するように直すと、①**여자는 가방을 지하철에 놓고 내렸다**(女性はかばんを地下鉄に忘れて降りてしまった) ②**여자의 가방 안에는 서류하고 휴대 전화가 들어 있다**(女性のかばんの中には書類と携帯電話が入っている)となります。女性は地下鉄に黒色の書類かばんを忘れて降りてしまい、紛失を届け出るために来ていて、かばんの中には書類と携帯電話が入っているという内容です。

서류(書類)、**휴대 전화**(携帯電話)、**까만색**(黒色)などの単語をしっかり聞き取りましょう。

1. ③ 韓国と日本の<u>法律</u>は何が違いますか?
   Point 법률は2回の鼻音化により、법률→[법뉼]→[범뉼]になります。

2. ④ 今日は<u>何月何日</u>ですか?
   Point 複合語や単語と単語の間で前の語のパッチムの後に이、야、여、요、유以外の母音で始まる単語が続く場合は、前のパッチムがそのまま連音せず、その代表音が連音されるため、몇 월は[멷＋월]→[며둴]になります。

3. ① <u>夜中</u>にどこへ行くんですか?
   Point 밤＋중は合成語における濃音化により[밤쭝]になります。

4. ④ 単語を全ては<u>覚えられません</u>でした。
   Point 否定の副詞못が母音で始まる後続の単語と結合する場合は、パッチムㅅの代表音[ㄷ]が連音されるので、못 외웠어요→[몯＋외웠어요]→[모되워써요]になります。

5. ③ 英語は<u>文法</u>が難しいです。

Point 漢字語における例外的な濃音化なので、暗記しましょう。

6. ③ 私に<u>命令</u>しないでください。
   Point 명령は鼻音化により[명녕]になります。

7. ④ 明日パーティーになぜ<u>来られないんですか</u>?
   Point 否定の副詞못が母音で始まる後続の単語と結合する場合は、パッチム「ㅅ」の代表音「ㄷ」が連音されて몯＋와요→[모돠요]になります。

8. ① 来週からアメリカに<u>出張</u>に行きます。
   Point 漢字語で、終声ㄹ直後のㄷ、ㅅ、ㅈは濃音化します。

9. ④ 家で本をちょっと<u>整理</u>したいです。
   Point 정리は鼻音化により[정니]になります。

10. ③ 後輩と私は<u>性格</u>が合いません。
    Point 漢字語における例外的な濃音化なので、しっかり覚えましょう。

11. ③ 会社の同僚と仲が良くありません。
Point 終声ㅇの後にㄹが来ると、ㄹは鼻音化により[ㄴ]と発音されるので、**동료→[동뇨]**になります。

12. ① 久しぶりに友達に会ったので気付きませんでした。
Point **못 알아봤어요→[몯+아라봐써요]→[모다라봐써요]**になります。**알아보다**には「見分ける」という意味があり、目で見てそれと分かることを言います。友達に会って「**못 알아봤어요**」というのは、友達に会っても「(その人だと)認識できなかった」という意味になります。

13. ④ おととい会った人は学校の先輩です。
Point 終声ㄷと初声ㄱの濃音化により[**얻+그제**]→[**얻끄제**]になります。

14. ④ 私の友達は能力のある人です。
Point 終声ㅇの後にㄹが来ると、ㄹは鼻音化により[ㄴ]と発音されるので、**능력→[능녁]**になります。

15. ① 第一印象は良くないがいい人です。
Point **첫인상**は**첫**のパッチムの代表音[ㄷ]が連音化により[**천인상**]

→[**처딘상**]となります。複合語において前の語のパッチムの後に**이**が続く場合はㄴ挿入が起こることが多いですが、**첫인상**は例外です。

16. ③ 学校を欠席しないでください。
Point 漢字語で終声ㄹ直後のㄷ、ㅅ、ㅈは濃音化します。

17. ② 通りで久しぶりに高校の友達に会いました。
Point 合成語における濃音化です。

18. ③ 料理を何人分注文なさいますか?
Point **첫인상**と同じく例外として、**몇 인분**は[**멷+인분**]→[**며딘분**]になります。

19. ② たくさん歩いたので、足の裏が痛いです。
Point 合成語における濃音化です。

20. ③ 妹は学校の友達と仲良く付き合えません。
Point **못 어울려요→[몯+어울려요]→[모더울려요]**になります。

21. ④ 今も初恋が忘れられません。
Point 終声ㄷと初声ㅅの濃音化です。

22. ② どんな心理で話したのでしょ
うね?
Point 終声ㅁの後にㄹが来ると、ㄹ
は鼻音化により[ㄴ]と発音されるの
で、[심니]になります。

23. ③ 社長の地位には誰も座れませ
ん。
Point 못 앉아요→[몯 + 안자요]→
[모단자요]になります。

筆記② 穴埋め① P.106 ～

1. ②
言うのは簡単ですが(　　　)難し
いです。
①教会は　②実践(するの)は
③関連は　④日陰は
Point 말하는 것(言うこと)⇔실천
(実践)、쉽다(簡単だ)⇔어렵다(難
しい)の関係を把握しておきましょう。

2. ③
(　　　)警察に追われて地下鉄
の中に入って行きました。
①しっぽが　②翼が
③犯人が　④ボタンが
Point 경찰(警察)、범인(犯人)、
쫓다(追う)、쫓기다(追われる)など
の単語と、단추를 채우다(ボタンを
留める)、단추를 풀다(ボタンを外
す)、단추가 떨어지다(ボタンが取
れる)なども併せて覚えましょう。

3. ②
先週(　　　)来てあちこち被害
が大きかったです。
①明かりが　②台風が
③選挙が　④成績が

4. ②
わが家の(　　　)には花と野菜、
木がたくさんあります。
①日用品　②庭　③種類　④中心

5. ①
友達が(　　　)言った言葉を本
当だと思って信じました。
①冗談で　②衝撃で
③ポイントで　④最初に
Point 농담으로 한 말(冗談で言っ
た言葉)、농담 섞어(冗談を混ぜて)
などの表現を覚えておきましょう。

6. ③
親しい友達が頼んだら(　　　)
にくいです。
①隠し　②勧め　③断り　④育て
Point -기 힘들다/어렵다は「～し
にくい、～しづらい」で、-기 쉽다
は「～しやすい」という意味です。

7. ②

忙しいからといってコンビニの食べ物ばかり食べないで、ご飯をちゃんと（　　　　　）食べてください。

①育てて　②準備して
③調べて　④空にして

Point 챙기다は「取りそろえる、（欠かさず、抜かさず）準備する」という意味なので、**챙겨 먹다**は「ちゃんと食べる」という意味です。

8. ②

健康のために今後甘い食べ物は（　　　　　）してください。

①生かすように　②避けるように
③照るように　　④開くように

9. ④

今日の会議に（　　　　）皆さんに申し上げることがあります。

①高めて　②示して
③直して　④先だって

10. ③

普通は家で食事しますが、忙しい時は外で（　　　　）時もあります。

①通っていく　②倒れる
③外食する　　④楽しんで見る

Point 사 먹다は「買って食べる」と言う意味で、**밖에서**（外で）とセットで「外食する」という意味で使われます。

11. ①

昨日は友達との約束を（　　　　）してデパートに買い物しにいきました。

①うっかり　②びっくり
③別に　　　④力の限り

Point 깜빡 잊어버리다（うっかり忘れる）、**깜빡하다**（うっかりする）、**깜빡거리다**（瞬く）、**깜빡깜빡 / 깜박깜박**（うつうつ、うっかり、信号などが点滅する様子）などの表現も覚えましょう。

12. ③

（　　　　）なぜ怒っているんですか？理解できません。

①ちょうど　②まるで
③いったい　④万が一

13. ②

うちの姉は私より（　　　　）勉強もよくできて運動もよくできます。

①わざと　　②はるかに
③ひたすら　④自ら

14. ④

久しぶりに会った友達は（　　　　）きれいで健康に見えました。

①到底　②たいてい
③別に　④相変わらず

Point 여전하다（相変わらずだ、以前と変わらない）、**여전히**（相変わらず）などを単語を覚えましょう。

15. ③

急いで会議室に行きましたが、(　　　　　)会議は終わっていた。

①真っすぐ　　　②ふと

③いつの間にか　④新たに

16. ②

今は忙しいので(　　　　　)また電話します。

①やはり　　　　②後で

③とりあえず　④主に

Point 「後で」の意味で**이따가、나중에**という単語がありますが、**이따가**は「(その日のうちに)後で」というニュアンスで、短い時間の「後で」を意味します。**나중에**は**이따가**と同じ意味もありますが、「また今度」に近い意味もあります。

17. ④

最近何をしても(　　　　　)ならない。

①少しずつ　②若干

③すぐに　　　④思い通りに

18. ②

その人、この近所では(　　　　　)有名なので、名前を出すだけで分かります。

①やたらに　②かなり

③一番　　　④ちょうど

Point **이름만 대면 알다**(とても有名だ、名が通る)の他に、**이름을 남**

기다(名を残す、名声を後世に残す)という慣用句も覚えましょう。

19. ①

(　　　　　)好きだったのに、今はテニスに対する熱が冷めました。

①しばらく　②ちょうど

③時に　　　　④より少なく

Point **열이 식다**(熱が冷める、意欲がなくなる)の他に、**열을 내다/열을 올리다**(①興奮する、かっとする②気勢を上げる③夢中になる)、**열이 나다**(①<体の>熱がある②怒る③勢いがある④熱を上げる、夢中になる)、**열이 받다**(むかつく)、**열이 오르다/열을 올리다**(①<体の>熱が上がる②興奮する③勢いがある④夢中になる)などの慣用句もあります。

20. ①

この仕事は新入社員に(　　　　　)簡単な仕事ではないでしょう。

①決して　②どうにかして

③とても　④遠く

Point 「**결코**(決して)+否定」のように否定文に適切な副詞を選びましょう。

21. ②

(　　　　　)ない人とは一緒に仕事しにくいです。

①感覚が　②勘が

③心が　　④神経が

Point 눈치가 없다(気が利かない、察しが悪い)の他に、**눈치가 보이다**(人目が気になる)、**눈치가 빠르다**(勘がいい、気が利く、察しがいい)、**눈치를 보다**(顔色をうかがう、人目を気にする)などの慣用句も覚えましょう。

22. ②

昨日ある男性が道路で事故を(　　　)逃げていきました。

①上げて　②起こして

③残して　④開けて

Point 내다は、**시간을 내다**(時間をつくる)、**돈을 내다**(お金を払う)などの表現があります。

23. ③

今日は手が(　　　)手伝ってください。

①早いので　　②深いので

③足りないので　④短いので

Point 손이 모자라다 (手が足りない、忙しい)、**손을 빌리다**(手を借りる)などの慣用句も覚えましょう。

24. ②

友達の話が面白くて時間が(　　　)気付かなかった。

①超えるのを　②過ぎるのを

③出すのを　　④使うのを

Point 시간이 가다は「時間が過ぎる」という意味で、-는 줄 모르다は「〜するのに気付かない」という意味の表現です。

25. ③

知は(　　　)これから本をたくさん読まなくちゃと思います。

①計算だというので

②花だというので

③力なりというので

④夢だというので

Point 아는 게 힘이다(知は力なり)、**아는 사람은 알다**(知る人ぞ知る)などの慣用句を覚えましょう。

26. ①

うちの会社と(　　　)並べる会社です。

①肩を　②耳を　③目を　④手を

Point 어깨를 나란히 하다(①並んで立ったり、並んで歩く　②肩を並べる　③同じ力を持って活動する)の他に、**어깨가 가볍다/어깨가 가벼워지다**(気が楽だ)、**어깨가 무겁다/어깨가 무거워지다**(肩の荷が重い、責任が重い)などの慣用句も覚えましょう。

27. ②

今度私が席を(　　　)みますよ。

①閉じて　　②設けて
③引きずって　④通じて
Point 자리를 만들다(席を設ける、場を設ける)、**자리를 같이하다**(①同席する ②<集会などに>一緒に参加する)などの慣用句を覚えましょう。

---

28. ①
母が電話している合間を（　　　　）友達の家に遊びに行きました。
①縫って　②握って
③残して　④上げて
Point 틈을 타다(<ある条件や機会、時間などを>利用する、合間を縫う)、**틈을 내다**(<忙しい中から>時間を割いて都合をつける)などの慣用句を覚えましょう。

---

29. ④
この仕事に（　　　　）ひと月になりました。
①手を握ってから
②手を脱いでから
③手を入れてから
④着手してから
Point 손을 대다には「取り掛かる、着手する」以外にも、「触る、手を当てる」「手を出す、干渉する」「手直しする、手を加える」「くすねる、手をつける、使い込む」「暴力をふるう、手出しする」などの意味があります。

---

30. ②
我慢するにも（　　　　）ありますが、もう無理です。
①鳥が　　②限界が
③距離が　④一日が

---

31. ②
A：中国語ができますか？
B：実は大学の時に中国語を（　　　　）したのですが、今は全部忘れてしまいました。
①招待　②専攻　③総合　④主張

---

32. ③
A：韓国旅行に行くんですが（　　　　）どこでするのがいいでしょうか？
B：日本より韓国でする方がいいと思います。
①舞踊を　②放送を
③両替を　④拍手を

---

33. ①
A：これ、ここに捨ててもいいですか？
B：すみませんが、あそこにある（　　　　）に捨ててください。
①ごみ箱　②釜
③廊下　　④写真帳

---

34. ③
A：（　　　　）なくて歯を磨けませんでした。
B：よかったら私のを使ってください。

①空気が　　②スープが

③歯磨き粉が　④しょうゆが

....

35. ④

A：家で（　　　　）とても飼いたい
　　んですが、どうでしょうか？

B：それよりも犬や猫はどうですか？

①サツマイモを　②スイカを

③ポケットを　　④ウサギを

....

36. ③

A：来月あるコンサートに行きます
　　か？

B：いいえ、コンサートチケットが１
　　時間で全て（　　　　）買えませ
　　んでした。

①減らしたので　②買ったので

③売れたので　　④捕まったので

Point 티켓을 구하다／구했다（チ
ケットが取れる／取れた）、**티켓이
잘 팔리다**（チケットがよく売れる）、
티켓이 다 팔리다（チケットが完売
する）などの表現も覚えましょう。

....

37. ①

A：今日の夕方何をするつもりです
　　か？

B：部屋がとても（　　　　）掃除し
　　なくてはいけません。

①汚いので　②きれいなので

③熱いので　④澄んでいるので

....

38. ②

A：この人は誰ですか？

B：最近、学生たちを（　　　　）大
　　人たちまでみんなが好きな俳優
　　です。

①映って　　②はじめとして

③お供して　④任せて

....

39. ①

A：最近とても忙しいですか？

B：ジフンさんに（　　　　）私は忙
　　しいほどでもありません。

①比べれば　②迎えれば

③減らせば　④加えれば

....

40. ④

A：あそこの２人、何してるんですか？

B：何か（　　　　）話をしているみ
　　たいです。

①たちの悪い　②憎い

③善良な　　　④深刻な

....

1. ④

   映画があまりにも面白くて4回（　　）見ました。

   ①ずつ　②も　③でも　④も

   Point 「〜も」には①도 ②(이)나があり、数量が予想以上だった場合などの「〜も」は(이)나と表現します。

2. ③

   A：先生なのにこれもご存じないんですか？

   B：先生（　　）全て知っているわけではないですよ。

   ①こそ　②で　③だからといって　④こそまさに

   Point (이)라고（だからと言って）の次には否定的な意味の表現が来ます。

3. ①

   A：あの人、どうですか？

   B：友達（　　）いいですが、恋人にはしたくないです。

   ①としては　②としても　③ではなくても　④としてだけ

   Point (으)로서는は「としては」という意味で前の単語を限定する意味になります。

4. ①

   A：うちの子はひどく言うことを聞きません。

   B：子どもたちは先生（　　）言うことを聞きません。

   ①でなければ　②と　③でも　④でも

5. ②

   社員たちは社員たち（　　）社長に求めるものが多いんです。

   ①くらい　②なりに　③のみ　④と

6. ③

   A：私たち、明日いつごろ会いましょうか？

   B：私は明日会社に行かないのでいつ（　　）構いません。

   ①くらい　②ではなくて　③でも　④も

7. ③

   私は医者（　　）3人の子どもの父親です。

   ①でも　②として　③でもあり　④に加えて

8. ④

   留学生（　　）アメリカに来て1年になりました。

   ①から　②だと

③とは　　④として

....

9. ①
A：授業時間には静かにして。
B：先輩（　　　　　）静かにしてくだ
　　さい。
①こそ　②から　③ごとに　④に

....

10. ③
皆さんが何を（　　　　　）いつも応
援するよ。
①するのか　②するといって
③しても　　④するように

....

11. ①
A：その人と話して来ましたか？
B：さっき（　　　　　）あいさつだけ
　　して来ました。
①行って　　　②行きかけて
③行くように　④行きながら

....

12. ①
彼女が（　　　　　）なぜ別の女性に
会うんですか？
①いるのに　②いるといって
③いるのか　④いてこそ
Point -(으)면서は「～(し)ながら」
という同時進行の意味以外に「～す
る／であるのに」という逆接の意味
もあります。

....

13. ④

A：先生、遅れてすみません。
B：今後は（　　　　　）注意してくだ
さい。
①遅刻するように
②遅刻すると
③遅刻しないと
④遅刻しないように
Point -도록には、**밤 늦도록**(夜遅
くまで)、**눈물이 나도록 웃었다**(涙
が出るほど笑った)などの意味もあ
ります。

....

14. ②
朝（　　　　　）外で雪が降っていま
した。
①起きたら　②起きると
③起きて　　④起きて
Point -(으)면は仮定・条件を表し
ますが、-(으)니(까)は、前節の行為
(朝起きる)の結果、後節の事実(雪
が降っている)を発見したことを表
します。

....

15. ①
A：明日は仕事が忙しいだろうから
　　1時間早く来てください。
B：1時間も早く（　　　　　）？
①来いですって
②来るかですって
③来ますか
④来るつもりですか

....

16. **②**

A：うちの子は毎日肉と魚ばかり食べるんです。

B：子どもに野菜を（　　　　）。

①食べるようになってください

②食べさせてください

③食べはします

④食べることにします

Point -게 하세요は「～させてください」、-게 하지 마세요は「～させないでください」です。

17. **①**

仕事を始めるに前に注意点（　　　　）話します。

①について　　②によると

③にすぎず　　④と反対に

18. **②**

郵便局に（　　　　　）私の手紙を送ってください。

①行きかけて　　　②行くついでに

③行ってみれば　　④行くことなく

Point 가는 김에（行くついでに）、간 김에（行ったついでに）などの表現を覚えましょう。

19. **③**

今日（　　　　）仕事がずいぶん忙しいようですね。

①来なかったおかげで

②来た場合に

③来ないところを見ると

④来る途中で

20. **①**

A：このかばん、値段が（　　　　　）買ったんですか？

B：はい、とても気に入って買ってしまいました。

①高いのに　　　②高い方なので

③高いあまり　④高いおかげで

Point 비싼데（高いのに）を強調した表現が비싼데도です。

21. **②**

A：あの方と仲が良いようですね。

B：はい、あの先輩は家族（　　　　　）。

①と反対に

②も同然です

③でもありませんよ

④も家族です

Point 와／과 다름없다（～も同然だ）、도 아니다（～でもない）などの表現を覚えましょう。

22. **②**

A：なぜ約束を守らなかったんですか？

B：ごめんなさい。（　　　　　）忙しくて約束を忘れてしまいました。

①仕事をしていて

②仕事をしていたら

③仕事するほど

④仕事も仕事ですが

Point -다 보니(까)の보다は「見る」という意味ではなく「継続する、続ける」という表現なので、「〜していたら」という意味になります。

23. ③

A：なぜこんなに遅れたの？

B：実は家に（　　　　）高校の時の友達に会ったんです。

①帰る限り　　②帰って

③帰る途中で　④帰るや否や

Point -는 길에は「〜（する）途中で」、-는 한は-「〜（する）限り」、-자마자は「〜（する）や否や」という意味です。

筆記④　置き換え表現　　　　P.116〜

1. ④　会議の日が<u>変わりました</u>。

①遮りました　②止まりました

③辞めました　④変更されました

Point 바뀌다（変わる）/변경되다（変更される）、정하다（決める）/결정하다（決定する）、정해지다（決まる）/결정되다（決定される）などの表現を覚えましょう。

2. ②　<u>隣に住む人</u>が手伝ってくれました。

①ガイド　②隣（の人）

③講師　　④同窓（生）

3. ③　<u>やってみて</u>大変だったので再びやりたくありません。

①隠して　　②取り出して

③経験して　④追加して

4. ③　妹が試験に<u>受かりました</u>。

①諦めました　　②治療しました

③合格しました　④招待しました

Point 시험에 붙다（試験に受かる）は합격하다（合格する）、시험에 떨어지다（試験に落ちる）は불합격하다（不合格になる）と同じ意味です。

5. ②　試験の合格を<u>願っています</u>。

①叫びます　　　②希望します

③大切にします　④受け入れます

6. ②　コンピューターが故障したなら私のコンピューターを<u>使ってください</u>。

①直してください

②使用してください

③回してください

④移してください

Point 쓰다（使う）/사용하다（使用する）、고치다（直す）/수리하다（修

理する：準2級）、**옮기다**(移す)/**이
사하다**(引っ越す)などの表現もセッ
トで覚えましょう。

---

7. **③** 社会経験が<u>多い</u>社員を探して
います。
①涼しい　②深刻な
③豊富な　④適切な

---

8. **①** 私は主に食べ物にお金をたくさ
ん<u>使う</u>方です。
①消費する　②拒絶する
③望む　　　④伝える

---

9. **③** ここはリンゴで<u>よく知られた</u>場
所です。
①素晴らしい　②惜しい
③有名な　　　④ひどい

---

10. **②** 翌日授業があるなら<u>あらかじ
め勉強する</u>習慣が大事です。
①復習する　②予習する
③準備する　④満たす
Point 미리 공부하다(あらかじめ
勉強する)/**예습하다**(予習する)、
공부한 것을 다시 한 번 공부하다
(勉強したことをもう一度勉強する)
/**복습하다**(復習する)などの表現を
覚えましょう。

---

11. **②** 手伝おうとしたことが<u>むしろ</u>邪
魔になりました。

①いつか　②反対に
③別に　　④ふと

---

12. **②** ついにうちのチームが勝ちまし
た。
①いつの間にか　②結局
③ふと　④相変わらず

---

13. **②** 外で雪が降っているので<u>ずっと</u>
眺めていました。
①やたらに　②長い間
③すぐに　　④しきりに

---

14. **④** <u>急いで</u>準備しましたが、また学
校に遅刻しました。
①新たに　　②ゆっくり
③のろく　　④急いで

---

15. **①** うちの祖母は<u>昔と変わらず</u>料
理上手です。
①相変わらず　②到底
③いったい　　④思い通り

---

16. **②** <u>広い心</u>で理解してください。
①夢のような　②海のように広い
③絵のような　④高く買う

---

17. **④** <u>腹が立った</u>が最後まで我慢した。
①人目が気になるが　②目立つが
③気に掛かるが　④頭にきたが

---

18. **①** 試験が<u>すぐ</u>です。

①もうすぐ　②ぴったり
③おととい　④この日この時まで
Point 내일모레は直訳すると「あさって」ですが、「もうすぐ、目前に差し迫っている」という意味の慣用句です。

....

19. **④**　うちの娘はとてもかわいくて愛らしいです。
①印象深いです
②口が開きます
③手を上げます
④目に入れても痛くありません

....

20. **④**　休まず仕事をしていると健康に良くありません。
①二度と　　②時と場所を選ばず
③1分1秒　④いつも
Point 밤낮없이は「夜昼なしに、いつも」という意味の慣用句です。

....

21. **③**　この近所ではとても有名な人です。
①肩を並べる
②息つく間もない
③名前を出せば分かる
④比べ物にもならない
Point 이름만 대면 알다は「名前を出せば分かる」で、「とても有名だ、名が通る」という意味の慣用句です。

....

22. **①**　この店のかばんが<u>全て</u>気に入ったので選べません。

①全て　　　　　②本当に
③知らないうちに　④1年12カ月
Point 하나같이は「皆、いずれも」という意味です。

....

23. **②**　社長に<u>気に入られて</u>会社で成功しました。
①口を開いて　②目に留まって
③熱が冷めて　④ぼうっとして

....

24. **②**　犯人は<u>まさに</u>会社の同僚でした。
①いつになく
②他でもない
③何なのかはっきりしない
④すっかり
Point 다름 아닌(他でもない)という表現の他に、**전에 없이**(いつになく、とりわけ)、**이것도 저것도 아닌**(何なのか＜どれなのか＞はっきりしない)、**씻은 듯이**(きれいさっぱり、すっかり)などの慣用句も覚えましょう。

....

25. **④**　昨日は<u>一睡もしないで</u>試験勉強をしました。
①一線を越えて
②気を確かに持って
③時間が過ぎるのも忘れて
④夜を明かして

....

1. ②

   Point 正解の選択肢を入れた文はそれぞれ、**양말에 구멍이 (②나서) 신을 수가 없어요**(靴下に穴が開いてはけません)、**컴퓨터가 고장 (②나서) 학교 숙제를 못 했어요**(コンピューターが故障したので学校の宿題ができませんでした)となります。

2. ②

   Point 正解の選択肢を入れた文はそれぞれ、**안개가 (②짙어서) 운전할 때 앞이 잘 안 보여요**(霧が濃くて運転する時に前がよく見えません)、**눈썹이 (②짙어서) 화장할 때 그리지 않아도 돼요**(眉毛が濃いので化粧する時に描かなくてもいいです)となります。

3. ①

   Point 正解の選択肢を入れた文はそれぞれ、**요새는 핸드폰이 있어서 시계를 (①차지) 않아도 돼요**(最近は携帯電話があるので時計を着けなくてもいいです)、**남자 친구와 헤어지고 싶지만 (①차지) 못하겠어요**(彼氏と別れたいのですが振れなさそうです)となります。**차다**を使う表現には、**가스가 차다**(ガスがたまる)、**양에 차다**(満腹だ)、**숨이 차다**(息が切れる)などがあります。

4. ③

   Point 正解の選択肢を入れた文はそれぞれ、**겨울이 지나고 봄이 오니 날씨가 (③풀려서) 따뜻해요**(冬が過ぎ春が来たので気候が和らいで暖かいです)、**어려운 일이 잘 (③풀려서) 안심하고 있어요**(難しい仕事がうまく解決して安心しています)となります。**풀다**を使う表現には、**감정을 풀다**(感情のもつれをほぐす)、**긴장을 풀다**(緊張をほぐす)、**단추를 풀다**(ボタンを外す)、**의문을 풀다**(疑問を解く)などがあります。

5. ②

   Point 正解の選択肢を入れた文はそれぞれ、**시장에 가면 물가를 (②피부)로 느낄 수 있어요**(市場に行くと物価を肌で感じることができます)、**제 친구는 (②피부)가 정말 고와서 부러워요.**(私の友達は肌がとてもきれいでうらやましい

167

です)となります。

....

6. **①**

Point 正解の選択肢を入れた文はそれぞれ、**이 일 때문에 계속 (①어깨)가 무거워요**(この仕事のせいでずっと責任が重いです)、**우리 회사와 (①어깨)를 나란히 하는 회사예요**(うちの会社とライバルの会社です)となります。**어깨가 무겁다**(荷が重い、責任が重い)、**어깨를 나란히 하다**(①並んで立ったり、並んで歩く ②肩を並べる ③同じ力を持って活動する)などの慣用句を覚えましょう。

....

7. **②**

Point 正解の選択肢を入れた文はそれぞれ、**요즘 게임에 (②정신) 팔려서 공부를 안 해요**(最近ゲームに夢中になって勉強をしません)、**(②정신) 차려 보니까 병원이었어요**(気が付いたら病院でした)となります。**정신을 팔다／정신이 팔리다**(①他の事に気を取られる ②夢中になる)、**정신을 차리다**(①意識を取り戻す、気が付く ②気を取り直す、気を引き締める)なども覚えましょう。

筆記⑥ 対話文完成 P.122〜

1. **②**

A：来週引っ越すんですって？
B：(　　　　　　　　　　)
A：なぜですか？　都市の方が便利じゃないですか。
B：都市は便利ですけど私は都市生活が息苦しいんです。
①はい、最近引っ越し準備のせいで忙しいです。
②はい、前から田舎に住んでみたかったんです。
③いいえ、引っ越したいんですが今は無理です。
④はい、私は都市に住みたいです。

....

2. **①**

A：ここで何してるんですか？
B：(　　　　　　　　　　)
A：友達に電話してみてください。

Ｂ：さっきから電話しているんですが、電話に出ません。

①友達を待っているんですが、30分も過ぎているのに来ないんです。

②友達に会いに行きます。

③友達と映画を見に行こうと思いまして。

④午後１時にここで友達と会うことにしたんです。

3. ③

Ａ：会社の同僚と気が合わなくてつらいです。

Ｂ：(　　　　　　　　　　　　)

Ａ：いい考えですね。同僚に話してみます。

①同僚と話さないでください。

②同僚が話したら、その意見に従ってください。

③一緒にお酒でも飲みながら話してみてください。

④同僚と会わないように避けてください。

STEP
3
合格徹底ドリル

解答 筆記

4. ①

Ａ：何か問題でもありますか？

Ｂ：(　　　　　　　　　　　　　)

Ａ：警察署に連絡しましたか？

Ｂ：はい、さっきしました。それで連絡を待っています。

①今朝携帯電話をなくしてしまいました。

②昨日トイレで携帯電話を見つけました。

③今朝財布を家に置いてきました。

④昨日バスで財布をなくしたんですが見つかりました。

5. ②

Ａ：コーヒー１杯飲みに行きませんか？

Ｂ：(　　　　　　　　　　　　　)

Ａ：少し前に新しくできたコーヒーショップがあるんですが、コーヒーがとてもおいしいんです。

Ｂ：本当ですか？　ではそこに行きましょう。

①私はコーヒーが好きではないんですよ。

②いいですよ。この近所でコーヒーショップはどこかありますかね？

③私は今おなかがすいているんですが。

④いいですよ。でも食事もできる所があるでしょうか？

6．③

A：すみませんが体調が悪いのでちょっと早く家に帰ってもいいでしょうか？

B：（　　　　　　　　　　　）

A：ありがとうございます。明日会社に来てこの仕事は全部終わらせます。

B：まだ時間があるので明日やっても問題ないでしょう。

①今日この仕事を全部終わらせなければなりません。

②体調が悪かったら薬を飲んでください。

③そうしてください。早く家に帰って薬を飲んでゆっくり休んでください。

④この近くに病院はありますか？

Point 그래요は그렇게 해요を縮約した表現です。

7．①

A：もしもし。ユナの友達のヨンミですが、ユナは今家にいますか？

B：（　　　　　　　　　　　）

A：いつごろ家に帰ってくるでしょうか？

B：そうですね、7時に夕食を食べるからその前には帰ってくると思います。

①ユナはさっき家に帰ってきてすぐに友達と遊びに外へ出掛けました。

②ユナは家に帰ってきたらすぐにシャワーして寝ます。

③ユナは台所で料理をしています。

④ユナは電話をずっと待っていました。

Point －자마자は「～（する）や否や、～（し）てすぐ、～（する）なり」という意味なので、집에 오자마자は「家に帰るなり」となります。

筆記⑦　漢字語

P.125 ～

1．①　<u>否定</u>＝<u>부정</u>

①부담　　②분야

③<u>비</u>밀　　④<u>비</u>판

Point 부と表記される漢字には「部」「副」「婦」「不」「府」「富」「膚」、분と表記される漢字には「雰」、비と表

記される漢字には「比」「費」などが
あります。

....

2. ① **歓迎**＝환영
①환자　　②감동
③완전　　④관리
Point 환と表記される漢字には
「環」、감と表記される漢字には「監」、
관と表記される漢字には「関」「観」
「管」「館」「慣」などがあります。

....

3. ③ **現状**＝현상
①사정　　②일정
③인상　　④방송
Point 상と表記される漢字には「想」
「像」「商」「上」などがあります。

....

4. ④ **経営**＝경영
①계산　　②계절
③광고　　④경기
Point 경と表記される漢字には「警」
「傾」「境」、계と表記される漢字には
「季」「係」「械」「階」、광と表記され
る漢字には「光」などがあります。

....

5. ② **疑問**＝의문
①기술　　②의식
③기온　　④기사
Point 의と表記される漢字には「義」
「議」などがあります。

....

6. ③ **基礎**＝기초

....

①소년　　②서점
③초기　　④조사
Point 초と表記される漢字には「招」
などがあります。

....

7. ③ **専攻**＝전공
①선택　　②점원
③전통　　④선배
Point 전と表記される漢字には「全」
「電」「前」「戦」、점と表記される漢
字には、「点」、선と表記される漢字
には「宣」などがあります。

....

8. ①
①규칙　　②기간
③기업　　④기온
Point 기と表記される漢字には「機」
「記」「基」「技」「紀」などがあります。

....

9. ③
①무대　　②무역
③모음　　④무료
Point 무と表記される漢字には「武」
「務」、모と表記される漢字には「模」
「毛」などがあります。

....

10. ④
①시대　　②시민
③실시　　④지배
Point 시と表記される漢字には「詩」
「始」、지と表記される漢字には「地」
「指」「止」「志」などがあります。

11. ④

①전반　②전원
③전쟁　④선택

----

12. ②

①소년　②서점
③취소　④장소

Point 소と表記される漢字には「焼」「掃」などが、서と表記される漢字には「西」「署」などがあります。

----

13. ①

①기준　②순간
③순위　④단순

----

14. ④

①최종　②종교
③종류　④방송

15. ②

①불만　②부족
③불안　④불편

Point 「不」は부または불と表記されます。ㄷ、ㅈで始まる語に付く場合は부になります。不可能=불가능、不満=불만、不安=불안、不便=불편、不足=부족、不正=부정、不在=부재、不道徳=부도덕

----

16. ①

①수입　②우편
③좌우　④배우

Point 수と表記される漢字には「水」「数」「手」「収」「受」「修」などがあります。

P.127～

筆記⑧　読解

1. 【問1】　②

　　私は韓国に留学して1年になった。韓国で暮らしながら「早く早く」という言葉をよく聞いた。韓国の人たちは何でも「早く早く」することを好むようだ。食事をする時も早く食べて、歩く時も速く歩いて、車を運転する時も速く走る。韓国人がもともと「早く早く」することを好んでいたわけではないという。韓国はアジアで最も短い時間で経済発展を遂げた国だ。おそらく、それほど他の人たちより「早く早く」という言葉をたくさん使うしかなかったのだろう。初めは韓国の人たちの「早く早く」を理解できなかったが、韓国で生活してみると、今では韓国人のように「早く早く」をたくさん使うようになった。最近は韓国の友達が私に、韓国人よりも韓国人みたいだと言う。

①食事をする時、早く食べる。　②ドラマを早く見る。

③道で速く歩く。　　　　　　　④運転する時、速く走る。

【問2】　①

①私は韓国で1年間暮らしている。

②私は「早く早く」という言葉が嫌いだ。

③韓国人はもともと「早く早く」の習慣がある。

④私は韓国人だ。

Point 選択肢を文章の内容と一致するように直すと、②지금 나는 한국인처럼 '빨리빨리'를 많이 쓰게 되었다(私は今では韓国人のように「早く早く」をたくさん使うようになった) ③한국인이 원래부터 '빨리빨리'하는 것을 좋아한 것은 아니다(韓国人がもともと「早く早く」することを好んでいたわけではない) ④나는 한국 사람이 아니다(私は韓国人ではない)となります。

---

2. 【問1】　③

ミ ナ　：ヨンミンさん、最近何か心配でもあるんですか?

ヨンミン：はい、実は一緒に住んでいる友達のせいで最近つらいんです。

ミ ナ　：なぜですか?

ヨンミン：ルームメイトは留学生なんですけど、私の物を勝手に使うんです。

ミ ナ　：ヨンミンさんの物を勝手に使うですって?

ヨンミン：はい、私の物を自分の物のように使います。冷蔵庫にある私の食べ物を黙って食べたりもするし、昨日は私の服まで着ていました。

ミ ナ　：本当ですか?　すごくつらいでしょうね。

ヨンミン：友達に注意したいんですけど、仲が悪くなるのが嫌で我慢しています。だからすごくストレスがたまります。

ミ ナ　：でも話さないで(　　　　　　　　　　)より話してみるのはどうですか?　話してみたら友達も理解するでしょう。

ヨンミン：本当にそうでしょうか?　今日家に帰って一度友達と話をしてみます。

ミ ナ　：思ったよりうまくいくかもしれませんよ。そして、話したら気持ちも楽になると思います。

①注意する　②勝手に使う　③ストレスがたまる　④気持ちが楽になる

【問2】 ②

①私は家で家族と暮らしている。

②私はルームメイトのせいでストレスがたまっている。

③私はルームメイトと仲が悪い。

④ルームメイトは私の物を使わない。

Point 選択肢を対話文の内容と一致するように直すと、①나는 유학생과 같은 방을 쓴다(私は留学生と同じ部屋を使っている) ③나는 같은 방 친구하고 사이가 나쁘지 않다(私はルームメイトと仲が悪くない) ④같은 방 친구는 내 물건을 마음대로 쓴다(ルームメイトは私の物を勝手に使う)となります。

筆記⑨ 訳文   P.130〜

1. ②

これは<u>笑って済ませることではない</u>と思います。

Point 웃어 넘기다(笑ってごまかす、笑って済ます)の他に、웃을 일이 아니다(笑い事ではない)、웃지도 울지도 못하다(予想外の大惨事になる、とんでもないハプニングだ)などの慣用句も覚えましょう。

2. ②

運動とは<u>縁遠い</u>人です。

Point 거리가 멀다は直訳すると「距離が遠い」で、つまり「かけ離れている」「縁遠い、縁がない」という表現になります。

3. ④

思わず<u>涙が出ました</u>。

4. ①

今回の試験は<u>手応えがあります</u>。

5. ③

みんな一緒に<u>仲良く協力して</u>努力しましょう。

Point 他にも손을 잡다(手を取る、力を合わせる、仲良くする)などの慣用句も覚えましょう。

6. ①

私が先に<u>手を回しました</u>。

Point 손を使う慣用句には、손이 빠르다(素早い、器用だ、手際よい、仕事が速い)、손을 끊다(手を切る、縁を切る)、손을 대다(①触る ②取り掛かる、着手する ③手を出す、干渉する ④手を加える、手を入れる ⑤くすねる、手をつける ⑥暴力をふるう、殴る)、손을 떼다(①手を引

174

く、足を洗う ②＜仕事を＞終える）
などがあります。

・・・・・・・・・・・・・・・・・・・・・・・・・・・・・・・・・・・・・

7. ③
執筆をやめてから2年ほどになり
ます。
Point 펜을 놓다（①書き終える ②
執筆活動をやめる）という表現と
一緒に **펜을 들다**（①書き始める
②執筆活動を始める）という慣用
句も覚えましょう。

・・・・・・・・・・・・・・・・・・・・・・・・・・・・・・・・・・・・・

8. ④
子どもが言うことを聞かないのはい
つものことです。

・・・・・・・・・・・・・・・・・・・・・・・・・・・・・・・・・・・・・

9. ②
この店には何でもそろっています。
Point 없는 것이 없다 / 없는 게 없
다（何でもある）と一緒に、**없던 일로
하다**（なかったことにする、白紙に
戻す）という慣用句も覚えましょう。

・・・・・・・・・・・・・・・・・・・・・・・・・・・・・・・・・・・・・

10. ④
大口ばかりたたいていないでちゃん
とやってください。
Point 큰소리를 치다（大口をたた
く、見栄を張る）の他に、**큰일을 치
르다**（大きなことを成し遂げる、大
役を果たす）、**큰일이 나다**（①大変
なことが起こる ②困ったことに
なる、難しい問題が生じる）などの

慣用句もあります。

・・・・・・・・・・・・・・・・・・・・・・・・・・・・・・・・・・・・・

11. ②
①気持ちが焦ります
②気が短いです
③※使わない表現
④性格が悪いです

・・・・・・・・・・・・・・・・・・・・・・・・・・・・・・・・・・・・・

12. ③
①勘がいいです
②勘が悪いです
③機嫌をうかがっています
④人目が気になります

・・・・・・・・・・・・・・・・・・・・・・・・・・・・・・・・・・・・・

13. ①
①でたらめな話
②頭にくる話
③泣き言
④腹が立つ話

・・・・・・・・・・・・・・・・・・・・・・・・・・・・・・・・・・・・・

14. ③
①心が引かれると
②気持ちが焦ると
③油断していると
④気を使っていると
Point 마음を使う慣用句には、**마
음을 놓다**（①安心する ②油断す
る）、**마음에도 없는 소리**（心にもな
いこと、口先だけのこと）、**마음에
걸리다**（気に掛かる、心配で心が落
ち着かない）、**마음을 쓰다**（気を使
う、気を配る）、**마음을 주다**（心を

許す、打ち解ける)、**마음이 가다**(心が引かれる、心を寄せる)、**마음이 급하다**(気がせく)、**급한 마음에/급한 마음으로**(気がせいて)などがあります。

....

15. ④

①言い表せません
②言葉も出てきません
③言葉を遮ってください
④慎重に話してください

Point 말을 使う慣用句には、**말을 아끼다**(言葉を惜しむ、慎重に話す)、**말이 되다**(①<話が>道理に合う、理屈に合う ②話がつく、話がまとまる)、**말이 안 되다/말이 안 되는 소리**(話にならない、<話が>理屈に合わない)、**말이 통하다**(話が通じる、話が合う)、**말하면 길다**(話せば長くなる)、**말할 것도 없다**(言うまでもない、言うに及ばない)などがあります。

....

16. ③

①何もできずに　②誰も言えなくて
③何も言えずに　④何もできずに

Point **아무 말도 못하고**(何も言えずに)、**아무것도 아니다**(大したことではない、なんでもない)などの慣用句を覚えましょう

....

17. ②

①考えがない　②度量が狭い
③思慮深い　④※使われない表現

Point 속을 使う慣用句には、**속이 깊다**(思慮深い、心が広い)、**속이 좁다**(度量が狭い)などがあります。

....

18. ④

①手を借りて
②手を打って
③協力して
④足並みをそろえて

Point 손발を使う慣用句には、**손발을 맞추다**(息を合わせる、足並みをそろえる)、**손발이 맞다**(息が合う、足並みがそろう)などがあります。

....

19. ③

①手を回しているのか？
②手を貸してくれるのか？
③手をこまねいてじっとしているのか？
④手を引くのか？

....

20. ①

①つじつまが合いません
②顔が合いません
③前後が違います
④目が合いません

Point 앞を使う慣用句には、**앞뒤가 안 맞다**(つじつまが合わない、筋道が通らない)、**앞만 보고 달리다**(一生懸命生きる)などがあります。

STEP
4

総仕上げ点検！
模擬試験 ❶

聞き取り 20問／30分
筆　　記 40問／60分

聞き取り問題は音声のトラック No.064〜089 を聞いて答えてください。
空欄はメモをする場合にお使いください。

◎064-065

1 選択肢を2回ずつ読みます。表や絵の内容に合うものを①〜④の中から1つ選んでください。解答はマークシートの1番と2番にマークしてください。 ＜2点×2問＞

◎066

1） 1

① _____

② _____

③ _____

④ _____

2)

5월		
1 (월)	
2 (화)	영어 회화 수업
3 (수)	테니스 연습
4 (목)	
5 (금)	친구와 영화 감상
6 (토)	회사 출근
7 (일)	등산

① _____

② _____

③ _____

④ _____

◎068

2

短い文と選択肢を2回ずつ読みます。文の内容に合うものを①〜④の中から1つ選んでください。解答はマークシートの3番〜8番にマークしてください。 ＜2点×6問＞

◎069

1）＿＿＿＿＿＿＿＿＿＿＿＿＿＿＿＿＿＿＿＿＿ 3

①＿＿＿＿＿＿＿＿＿ ②＿＿＿＿＿＿＿＿＿

③＿＿＿＿＿＿＿＿＿ ④＿＿＿＿＿＿＿＿＿

◎070

2）＿＿＿＿＿＿＿＿＿＿＿＿＿＿＿＿＿＿＿＿＿ 4

①＿＿＿＿＿＿＿＿＿ ②＿＿＿＿＿＿＿＿＿

③＿＿＿＿＿＿＿＿＿ ④＿＿＿＿＿＿＿＿＿

◎071

3）＿＿＿＿＿＿＿＿＿＿＿＿＿＿＿＿＿＿＿＿＿ 5

①＿＿＿＿＿＿＿＿＿ ②＿＿＿＿＿＿＿＿＿

③＿＿＿＿＿＿＿＿＿ ④＿＿＿＿＿＿＿＿＿

◎072

4) _____   6

① _____   ② _____

③ _____   ④ _____

◎073

5) _____   7

① _____   ② _____

③ _____   ④ _____

◎074

6) _____   8

① _____   ② _____

③ _____   ④ _____

🎧 075

3

短い文を２回読みます。引き続き４つの選択肢も２回ずつ読みます。応答文として適切なものを①〜④の中から１つ選んでください。解答はマークシートの９番〜12番にマークしてください。

＜２点×４問＞

🎧 076

1)　　　　　　　　　　　　　　　　　　　　　　　　　　　　　9

①

②

③

④

🎧 077

2)　　　　　　　　　　　　　　　　　　　　　　　　　　　　　10

①

②

③

④

182

3) _____ ⬚ 11

① _____

② _____

③ _____

④ _____

4) _____ ⬚ 12

① _____

② _____

③ _____

④ _____

STEP 4 模擬試験 ❶ 聞き取り

4 問題文を2回読みます。文の内容と一致するものを①〜④の中から
1つ選んでください。解答はマークシートの13番〜16番にマークし
てください。 ＜2点×4問＞

◎081

1） 　　　　　　　　　　　　　　　　　　　　　　　　13

_____

_____

_____

_____

_____

①私は韓国人で28歳だ。

②私は日本の大学に留学をしている。

③日本に来て1年たった。

④今度の休暇は日本の友達と韓国旅行をする予定だ。

◎082

2） 　　　　　　　　　　　　　　　　　　　　　　　　14

_____

_____

_____

_____

_____

①迷子になった４才の男の子を捜している。

②迷子は白いズボンをはいている。

③迷子は買い物中にいなくなった。

④迷子は赤いＴシャツに白い帽子をかぶっている。

◎083

3）

15

남：_____

여：_____

남：_____

여：_____

①女性は先週の土曜日に彼氏と映画館に行った。

②女性は会社の先輩と付き合っている。

③男性は優しくておとなしい方だ。

④女性の彼氏は活発で面白い人だ。

4)

16

남 :＿＿＿＿＿＿＿＿＿＿＿＿＿＿＿＿＿＿＿＿＿

여 :＿＿＿＿＿＿＿＿＿＿＿＿＿＿＿＿＿＿＿＿＿

남 :＿＿＿＿＿＿＿＿＿＿＿＿＿＿＿＿＿＿＿＿＿

여 :＿＿＿＿＿＿＿＿＿＿＿＿＿＿＿＿＿＿＿＿＿

①女性はパーマをしている。

②女性は髪を切ってもらいに来た。

③女性は前髪を切らない予定だ。

④女性は前髪だけ切る予定だ。

◎085

5 問題文を2回読みます。文の内容と一致するものを①～④の中から
1つ選んでください。解答はマークシートの17番～20番にマークし
てください。 ＜2点×4問＞

◎086

1)

＿＿＿＿＿＿＿＿＿＿＿＿＿＿＿＿＿＿＿＿＿＿＿＿＿＿＿

＿＿＿＿＿＿＿＿＿＿＿＿＿＿＿＿＿＿＿＿＿＿＿＿＿＿＿

＿＿＿＿＿＿＿＿＿＿＿＿＿＿＿＿＿＿＿＿＿＿＿＿＿＿＿

＿＿＿＿＿＿＿＿＿＿＿＿＿＿＿＿＿＿＿＿＿＿＿＿＿＿＿

＿＿＿＿＿＿＿＿＿＿＿＿＿＿＿＿＿＿＿＿＿＿＿＿＿＿＿

17

①민우는 대학교 선배인데 공무원이다.

②민우는 일이 너무 바빠서 여자 친구가 없다.

③민우는 성격이 밝고 재미있는 사람이다.

④민우는 눈이 높아서 여자 친구가 아주 예쁘다.

⊚087

2)

18

STEP 4

模擬試験 ❶

聞き取り

_____

_____

_____

_____

_____

①이번 주에 휴대 전화가 고장 났다.

②휴대 전화를 고치기까지 한 달쯤 걸릴 것이다.

③새로운 휴대 전화를 살 예정이다.

④휴대 전화를 산 지 한 달밖에 안 됐다.

3)   19

여:＿＿＿＿＿＿＿＿＿＿＿＿＿＿＿＿＿＿＿＿＿＿

남:＿＿＿＿＿＿＿＿＿＿＿＿＿＿＿＿＿＿＿＿＿＿

여:＿＿＿＿＿＿＿＿＿＿＿＿＿＿＿＿＿＿＿＿＿＿

남:＿＿＿＿＿＿＿＿＿＿＿＿＿＿＿＿＿＿＿＿＿＿

①남자는 지하철 안에서 책을 읽거나 음악을 듣는다.
②여자는 버스 안에서 음악을 들으면서 책을 읽는다.
③남자는 버스 안에서 책을 읽거나 잠을 잔다.
④여자는 지하철 안에서 자다가 내리지 못한 적이 있다.

089

4)   20

여:＿＿＿＿＿＿＿＿＿＿＿＿＿＿＿＿＿＿＿＿＿＿

남:＿＿＿＿＿＿＿＿＿＿＿＿＿＿＿＿＿＿＿＿＿＿

여:＿＿＿＿＿＿＿＿＿＿＿＿＿＿＿＿＿＿＿＿＿＿

남:＿＿＿＿＿＿＿＿＿＿＿＿＿＿＿＿＿＿＿＿＿＿

①여자는 청소와 빨래를 좋아한다.
②남자는 집안일을 안 좋아한다.
③남자는 요리를 정말 잘한다.
④여자는 요즘 자주 요리를 한다.

1　下線部を発音どおり表記したものを①～④の中から１つ選びなさい。
（マークシートの１番～３番を使いなさい）　　　　＜１点×３問＞

１）윗사람이 말씀하실 때는 잘 들으세요.　　　　　　　　　1

　①[윈사람]　②[윈싸람]　③[윋사람]　④[윋싸람]

２）열심히 노력해서 대통령이 되었어요.　　　　　　　　　2

　①[대통영]　②[대통녕]　③[대톤녕]　④[대톤령]

３）이 요리 맛없으니까 먹지 마세요.　　　　　　　　　　3

　①[마덥쓰니까]　　　　②[마덥스니까]
　③[마섭스니까]　　　　④[마섭쓰니까]

2　（　　　　　）の中に入れるのに適切なものを①～④の中から１つ選
びなさい。
（マークシートの４番～９番を使いなさい）　　　　＜１点×６問＞

１）아이는 없지만（　　4　　）있어요. 언니 아들인데 정말 귀여워
요.

①큰딸이   ②큰아버지가   ③장남이   ④조카가

2) 날씨 추우니까 모자하고 (⬚5⬚)도 있으면 좋겠네요.

①자격   ②일식   ③장갑   ④잠옷

3) 비가 올 것 같으니까 (⬚6⬚) 집에 가세요.

①문득   ②딱   ③오래   ④얼른

4) A:제 꿈은 의사가 되는 거예요.
   B:열심히 공부해서 꼭 꿈을 (⬚7⬚).

①자르세요   ②이루세요
③일으키세요   ④서두르세요

5) A:요즘 회사 생활하기 어때요?
   B:(⬚8⬚) 맞는 선배가 있어서 일하기 편해요.

①손발이   ②앞뒤가   ③큰일이   ④정신이

6) A:처음 보는 가방이네요. 새로 샀어요?
   B:마음에 든 가방이 있어서 (⬚9⬚) 샀어요.

①힘을 넣고   ②한눈에 들어와서
③눈을 딱 감고   ④팔을 끌어서

3 ( ) の中に入れるのに適切なものを①～④の中から１つ選びなさい。

（マークシートの10番～14番を使いなさい） ＜１点×５問＞

1) 저는 가수(10) 두 아이의 엄마예요.

　①에게서부터　②에다　③이자　④로써

2) A：왜 이렇게 늦었니?
　　B：사실은 집에 (11) 서점에 들려서 책을 사 왔어요.

　①오는 길에　②왔다가　③오는 한　④오자마자

3) 이건 틀리기 쉬운 (12) 꼭 외우세요.

　①문제를 위해서　　②문제에 따라서
　③문제니까　　④문제라 해도

4) A：어떤 사람이 대회에 참가할 수 있나요?
　　B：누구(13) 이 대회에 참가할 수 있어요.

　①만큼　　②마다　③든지　④에게다

5) A：이 일을 내일까지 부탁해요.
　　B：내일까지 이걸 다 (14)?

①하래요　　②할지요　　③하라고요　④하느냐고요

4 文の意味を変えずに、下線部の言葉と置き換えが可能なものを①～
④の中から1つ選びなさい。
（マークシートの15番～18番を使いなさい）　　　　＜2点×4問＞

1) 알고 싶은 게 있으면 언제든지 질문하세요.　　　 15

①궁금한　　②철저한　　③편리한　　④섭섭한

2) 병원에는 아픈 사람들이 많아요.　　　　　　　 16

①아드님이　②환자가　　③후보가　　④회원이

3) 이런 가방은 어디에 가도 많이 있어요.　　　　 17

①소중해요　②조용해요　③자세해요　④흔해요

4) 그 얘기는 너무 많이 들었어요.　　　　　　　 18

①숨이 막히게　　　　②목이 마르게
③귀가 아프게　　　　④말도 안 되게

5 2つの(　　　　)に入れることができるものを①〜④の中から1つ選びなさい。

(マークシートの19番〜21番を使いなさい)　　　＜1点×3問＞

1)・아이들 앞에서 한숨을 (　　　) 마세요.
　・우리 반은 남자 학생이 많아서 남여 짝을 (　　　　) 못
　했어요.　　　　　　　　　　　　　　　　　　　　　19

　　①쉬지　　　②만들지　　③짓지　　　④하지

2)・해가 (　　　) 전에 빨리 집에 들어가세요.
　・책임 (　　　) 싫어도 피할 수 없는 문제예요.　　　20

　　①떨어지기　②되기　　　③잃기　　　④지기

3)・오늘부터 (　　　　) 차리고 열심히 공부하겠습니다.
　・어머니 말씀은 듣지도 않고 텔레비전에만 (　　　)을 팔
　았다.　　　　　　　　　　　　　　　　　　　　　　21

　　①마음　　　②정신　　③기분　　　④길

6 対話文を完成させるのに最も適切なものを①〜④の中から1つ選びなさい。

(マークシートの22番〜25番を使いなさい)　　　＜2点×4問＞

1) A:뉴스에서 오늘 오후부터 비가 온다고 했어요.

B:([22])
A:네, 그렇게 하는 게 좋을 거예요.

①정말요? 오후에 비가 온다고요?
②저는 오후에 도서관에 가야 해요.
③정말요? 그럼 우산을 가지고 나가야겠네요.
④저는 요새 뉴스를 안 봐요.

2) A:저, 말씀 좀 묻겠습니다. 이 건물에 커피 마실 수 있는 곳
　　이 있어요?
　B:([23])
　A:그렇군요. 자동판매기도 없나요?

①이 건물에는 가게가 많아요.
②이 건물에는 없고 옆 건물 2층에 카페가 있어요.
③저는 지금 커피를 마시고 싶어요.
④커피 말고 식사를 하세요.

3) A:시험 결과 나왔어요?
　B:([24])
　A:괜찮아요. 내년에도 시험 있으니까 다시 시험 보면 돼요.

①네, 열심히 공부했는데 합격 못 했어요.
②아직 결과가 안 나와서 기다리고 있어요.
③네, 저 시험에 합격했어요.
④덕분에 좋은 성적을 받았어요.

4）A：저 아이 미나 씨의 딸이래요.

   B：（   25   ）

   A：네, 어머니 닮아서 예쁘고 학교에서 공부도 잘한대요.

   ①미나 씨는 언제 결혼했어요?

   ②미나 씨 딸은 몇 살이에요?

   ③미나 씨 딸이라고요? 미나 씨를 많이 닮았네요.

   ④엄마보다 아빠하고 많이 닮았네요.

---

7 下線部の漢字のハングル表記と同じものを①〜④の中から1つ選びなさい。

（マークシートの26番〜28番を使いなさい）　＜1点×3問＞

1）<u>道</u>路

26

   ①<u>動</u>機   ②<u>途</u>中   ③<u>大</u>統領   ④<u>登</u>山

2）<u>勇</u>気

27

   ①余<u>裕</u>   ②<u>要</u>求   ③<u>有</u>名   ④舞<u>踊</u>

3）<u>強</u>調

28

   ①<u>興</u>味   ②<u>教</u>育   ③<u>交</u>流   ④<u>講</u>義

8 文章を読んで【問1】〜【問2】に答えなさい。
（マークシートの29番〜30番を使いなさい）　　＜2点×2問＞

　유키는 내가 한국에서 처음 사귄 외국 친구예요. 우리는 일 년 동안 같은 집에서 살았어요. 우리는 성격이 달라요. 나는 집에 있는 것을 좋아하고 조용한 성격이지만 유키는 밝고 재미있는 성격이에요. 처음 함께 생활한 몇 개월 동안, 우리는 자주 싸웠어요. (　　29　　) 유키는 청소를 잘 하지 않았기 때문이에요. 그래서 항상 내가 청소를 해야 했어요. 그렇지만 유키는 요리를 잘했어요. 주말이 되면 내가 한 번도 먹어 본 적이 없는 일본 음식을 해 주었어요. 나는 유키 덕분에 맛있는 일본 음식을 자주 먹을 수 있었어요. 그 후 나는 유키에게 매일 밤 자기 전에 한국어도 가르쳐 주고 한국 문화나 역사에 대해서도 얘기해 주었어요. 처음에는 서로 불편했지만 지금은 친해져서 베프가 됐어요.

＊) 베프: 베스트 프렌드(ベストフレンド)

【問1】 (　　29　　)に入れるのに適切なものを①〜④の中から1つ選びなさい。

　①그래서　　②왜냐하면　　③다만　　④말하자면

【問2】本文の内容と一致しないものを①〜④の中から1つ選びなさい。

　　30

　①유키는 밝고 재미있는 친구이다.
　②나는 한국어를 가르치는 선생님이 되었다.

③나는 유키 덕분에 맛있는 요리를 먹을 수 있었다.

④유키는 청소를 잘 안 하지만 요리는 잘한다.

9 文章を読んで【問1】~【問2】に答えなさい。
(マークシートの31番~32番を使いなさい) <2点×2問>

수영 : 그 얘기 들었어요? 어제 이민서 씨가 병원에 입원했대요.

지훈 : 네? 그게 정말이에요?

수영 : 네, 저도 오늘 아침에 준수 씨한테 들었어요.

지훈 : 많이 아프대요?

수영 : 아니요, 심하지는 않대요. 어제 운동을 하다가 허리를 다쳤
       나 봐요.

지훈 : 치료가 오래 걸린대요?

수영 : 일주일 정도 입원해 있을 거래요. 그리고 준수 씨가 오늘 모
       두들 일이 끝난 후에 시간이 있내요.

지훈 : 저는 오늘 약속이 있는데요. 왜요?

수영 : 시간 있으면 이민서 씨가 입원해 있는 병원에 모두 같이 가재요.

지훈 : 저도 같이 가고 싶어요. 오늘 친구를 만날 예정이었는데 친
       구한테 전화해서 다음 주로 약속을 변경해 볼게요.

【問1】本文を読んで分かるものを①~④の中から1つ選びなさい。 31

①민서가 다친 이유   ②수영이 입원하는 기간

③지훈의 내일 계획   ④준수가 치료 받는 병원

【問2】本文の内容と一致するものを①~④の中から1つ選びなさい。

①민서는 오늘 친구와 약속이 있다.

②지훈은 친구와의 약속을 연기할 것이다.

③수영은 어제 요리하다가 허리를 다쳤다.

④준수는 내일 병원에 갈 것이다.

10 文章を読んで【問1】～【問2】に答えなさい。
（マークシートの33番～34番を使いなさい）　　　＜2点×2問＞

　한국의 봄은 보통 3월에 시작된다. 봄은 날씨가 따뜻하고 여러 가지 꽃이 핀다. 그런데 3월에는 갑자기 춥거나 비가 오거나 바람이 불 때가 있다. 그러나 보통 꽃이 피기 시작하면 조금씩 따뜻해진다. 여름은 6월부터 8월까지이다. 여름은 아주 덥다. 특히 7월에는 비가 많이 오는데 이때를 장마철이라고 한다. 아주 더울 때는 밤에도 30도 이상의 더운 날씨가 계속되어 (　33　) 사람도 많다. 가을은 날씨가 좋고 시원한 바람이 부는데, 이 계절은 다른 계절보다 짧다. 하늘이 정말 맑고 높다. 겨울은 12월에 시작되는데 3월이 시작될 때까지 추운 날씨가 계속된다. 겨울에는 바람이 많이 불고 눈도 자주 내린다.

＊) 장마철 梅雨時

【問1】 (　33　) の中に入る言葉として最も適切なものを①～④の中から
　　　　 1つ選びなさい。

①이사를 가는　　　　②술을 마시는

③잠을 못 자는   ④여행을 가는

【問2】本文の内容と一致するものを①〜④の中から1つ選びなさい。

34

①한국의 겨울은 춥지만 눈은 안 내린다.
②한국에는 사계절이 있다.
③한국의 가을은 아주 길다.
④한국에는 봄에 장마철이 있다.

11 下線部の日本語訳として適切なものを①〜④の中から1つ選びなさい。

(マークシートの35番〜37番を使いなさい)   <2点×3問>

1) 정신 차려 보니까 병원이었어요.

35

①気を付けたら   ②気が付いたら
③探してみたら   ④調べてみたら

2) 크고 작은 일들이 있었어요.

36

①さまざまなこと   ②ショックなこと
③無理なこと   ④とんでもないこと

3) 그 사람한테 왠지 마음이 가요.

37

①気を許します   ②心が引かれます

③気をもみます　　　　　④気がありません

12 下線部の訳として適切なものを①～④の中から１つ選びなさい。
（マークシートの38番～40番を使いなさい）　　＜２点×３問＞

１）あの人と私の実力は<u>雲泥の差</u>です。　　　　　38

　　①구름과 땅의 차이예요　　②하늘과 땅의 차이예요
　　③거의 비슷해요　　　　　④별로 다르지 않아요

２）<u>もうけがない</u>商売です。　　　　　　　　　39

　　①손이 없는　　　　　　②돈이 없는
　　③준비가 없는　　　　　④남는 게 없는

３）風邪が<u>すっかり</u>治りました。　　　　　　　40

　　①아는 듯이　　　　　　②본 듯이
　　③먹은 듯이　　　　　　④씻은 듯이

総仕上げ点検！
模擬試験 ②

聞き取り 20問／30分
筆　記 40問／60分

聞き取り問題は音声のトラックNo.090〜115を聞いて答えてください。
空欄はメモをする場合にお使いください。

聞き取り問題

🎧 090-091

1 選択肢を2回ずつ読みます。表や絵の内容に合うものを①～④の中から1つ選んでください。解答はマークシートの1番と2番にマークしてください。　　　　　　　　　　　　　　　　　　　　＜2点×2問＞

🎧 092

1)　　　　　　　　　　　　　　　　　　　　　　　　　　　　　　　 1

①_____

②_____

③_____

④_____

2）

① _____

② _____

③ _____

④ _____

◎094

2 短い文と選択肢を2回ずつ読みます。文の内容に合うものを①～④の中から1つ選んでください。解答はマークシートの3番～8番にマークしてください。　　　　　　　　　　　　　＜2点×6問＞

◎095

1）_____　3

①_____　　②_____

③_____　　④_____

◎096

2）_____　4

①_____　　②_____

③_____　　④_____

◎097

3）_____　5

①_____　　②_____

③_____　　④_____

4)　_____　　6

　　　① _____　　② _____

　　　③ _____　　④ _____

5)　_____　　7

　　　① _____　　② _____

　　　③ _____　　④ _____

6)　_____　　8

　　　① _____　　② _____

　　　③ _____　　④ _____

STEP 4 模擬試験❷ 聞き取り

◎101

3 短い文を2回読みます。引き続き4つの選択肢も2回ずつ読みます。応答文として適切なものを①〜④の中から1つ選んでください。解答はマークシートの9番〜12番にマークしてください。

<2点×4問>

◎102

1) _____ [9]

① _____

② _____

③ _____

④ _____

◎103

2) _____ [10]

① _____

② _____

③ _____

④ _____

206

◎ 104

3) _____ 11

① _____

② _____

③ _____

④ _____

◎ 105

4) _____ 12

① _____

② _____

③ _____

④ _____

STEP 4

模擬試験 ❷

聞き取り

4 問題文を2回読みます。文の内容と一致するものを①〜④の中から
1つ選んでください。解答はマークシートの13番〜16番にマークし
てください。　　　　　　　　　　　　　　　＜2点×4問＞

🎧107

1）　　　　　　　　　　　　　　　　　　　　　　　　13

　　　_____

　　　_____

　　　_____

　　　_____

①おととい新しく引っ越してきた。

②今日問題が生じて、部屋のドアが閉まらない。

③3階に住んでいるが、周辺が静かできれいだ。

④駅から家まで歩いて5分しかかからない。

🎧108

2）　　　　　　　　　　　　　　　　　　　　　　　　14

　　　_____

　　　_____

　　　_____

_____

_____

①今日デパートの４階に新しくかばんの店がオープンした。

②今日かばんを買った客には30パーセント割引する。

③デパートの会員には特別に安くする。

④５万ウォン以上買った客にはプレゼントがある。

STEP 4

◎109

３）

15

여：_____

남：_____

여：_____

남：_____

①今週の土曜日にサークル会がある。

②来週サークルで登山に行く。

③女性も男性も参加できない。

④男性は智異山に行ったことがある。

模擬試験 ❷ 聞き取り

◎**110**

4）

16

남：＿＿＿＿＿＿＿＿＿＿＿＿＿＿＿＿＿＿＿＿＿＿＿＿

여：＿＿＿＿＿＿＿＿＿＿＿＿＿＿＿＿＿＿＿＿＿＿＿＿

남：＿＿＿＿＿＿＿＿＿＿＿＿＿＿＿＿＿＿＿＿＿＿＿＿

여：＿＿＿＿＿＿＿＿＿＿＿＿＿＿＿＿＿＿＿＿＿＿＿＿

①男性はホットコーヒーでもアイスコーヒーでもかまわない。

②女性はジュースを飲みたかったが、メニューになかった。

③男性はホットコーヒーを飲むつもりだ。

④女性はアイスコーヒーを飲むつもりだ。

◎**111**

5 問題文を2回読みます。文の内容と一致するものを①〜④の中から
1つ選んでください。解答はマークシートの17番〜20番にマークし
てください。

＜2点×4問＞

◎**112**

1）

17

①내일은 낮부터 아주 더울 것이다.

②토요일은 나갈 때 우산을 가지고 가는 게 좋을 것이다.

③모레는 아침부터 비가 올 것이다.

④일요일에는 아침에 비가 오다가 밤에 그칠 것이다.

⊚113

2)

18

＿＿＿＿＿＿＿＿＿＿＿＿＿＿＿＿＿＿＿＿＿＿＿

＿＿＿＿＿＿＿＿＿＿＿＿＿＿＿＿＿＿＿＿＿＿＿

＿＿＿＿＿＿＿＿＿＿＿＿＿＿＿＿＿＿＿＿＿＿＿

＿＿＿＿＿＿＿＿＿＿＿＿＿＿＿＿＿＿＿＿＿＿＿

＿＿＿＿＿＿＿＿＿＿＿＿＿＿＿＿＿＿＿＿＿＿＿

①박물관에서 지갑과 휴대 전화를 잃어버렸다.

②지갑도 열쇠도 까만색이다.

③박물관 1층에 있는 안내소에서 안내하고 있다.

④레스토랑에서 식사를 하고 지갑을 놓고 갔다.

◎ 114

3)   19

여: _____

남: _____

여: _____

남: _____

①내일 볼 영화의 영화표를 예매하려고 한다.

②연극 공연을 예약하려고 하지만 표가 없다.

③예약한 연극 공연을 취소하고 있다.

④내일 오후 6시에 연극 공연을 볼 예정이다.

◎ 115

4)   20

남: _____

여: _____

남: _____

여: _____

①남자와 여자는 교회에서 만났다.

②내일이 남자 딸의 생일이다.

③여자는 아들의 생일 선물로 옷을 샀다.

④내일이 여자 아들의 생일이다.

1 下線部を発音どおり表記したものを①〜④の中から1つ選びなさい。
（マークシートの1番〜3番を使いなさい）　　　　＜1点×3問＞

1) 책의 <u>종류</u>가 많으니까 여기서 골라 보세요.　　　　1

　①[종유]　　②[존유]　　③[존뉴]　　④[종뉴]

2) 선생님 말씀을 <u>못 알아들었어요</u>.　　　　2

　①[모살라드러서요]　　②[모다라드러써요]
　③[모사라드러써요]　　④[모다라드런써요]

3) 성적만으로 사람을 <u>평가</u>하지 마세요.　　　　3

　①[평까]　　②[평카]　　③[편까]　　④[편카]

2 （　　　　）の中に入れるのに適切なものを①〜④の中から1つ選びなさい。
（マークシートの4番〜9番を使いなさい）　　　　＜1点×6問＞

1) 주말에는 머리도 자르고 (　　4　　) 도 깎고 싶어요.

　①가루　　②수염　　③간판　　④미용실

2) 전기, 수도를 많이 써서 이번 달에는 내야 하는 ([5]) 너무 많아요.

　①요금이　　②문자가　　③영수증이　　④차비가

3) 우리 아이가 아픈 것보다 ([6]) 내가 아픈 게 나아요.

　①차라리　　②몹시　　③끝내　　　④나란히

4) A:저 다음 주에 이사를 가요.
　 B:정말이요? 갑자기 이사 가게 돼서 너무 ([7]).

　①부끄러워요　　　　②서툴러요
　③불쌍해요　　　　　④섭섭해요

5) A:나 요새 너무 힘들어요.
　 B:([8]) 그만하고 일이나 하세요.

　①긴 소리　　　　　②웃는 소리
　③우는 소리　　　　④되는 소리

6) A:우리 아이는 요새 게임에 ([9]) 공부를 안 해요.
　 B:우리 아이는 매일 만화책만 읽어서 걱정이에요.

　①정신이 팔려서　　　②정신을 차려서
　③정신을 잃어서　　　④정신이 들어서

3 （　　　　）の中に入れるのに適切なものを①〜④の中から 1 つ選びなさい。

（マークシートの10番〜14番を使いなさい）　　　＜ 1 点× 5 問＞

1) 학생들은 학생들（　10　） 선생님한테 불만이 많은 모양이에요.

①만큼　　②대로　　　③뿐　　　④이랑

2) A : 그 공원 어떻게 알아요?
　　B : 전에 친구와 함께 （　11　） 곳이에요.

①갈　　②갔을　　③갔던　　④가는

3) 열심히 공부를 （　12　） 합격하지요.

①하다가　②안 하다가　③해야　④안 해야

4) 이것（　13　） 오늘의 회의를 마치겠습니다.

①이라야　②이자　　③으로써　④이란

5) A : 왜 점심 안 먹었어요?
　　B : （　14　） 점심 시간을 자주 잊어버려요.

①일할 만큼　　　　②일할 뿐만 아니라
③일만 빼고　　　　④일하다 보면

文の意味を変えずに、下線部の言葉と置き換えが可能なものを①～
④の中から１つ選びなさい。

（マークシートの15番～18番を使いなさい）　　＜２点×４問＞

1) 이 숙제는 <u>한꺼번에</u> 하려면 시간이 많이 걸릴 것 같아요.　15

　　①말없이　　②천천히　　③똑바로　　④한번에

2) 저는 이 선배하고 <u>사이가 좋아요</u>.　16

　　①불쌍해요　②심해요　③친해요　④적당해요

3) 선생님 설명이 <u>이해가 돼요</u>.　17

　　①생각이 많아요　　　②머리에 들어와요
　　③손발이 맞아요　　　④머리를 써요

4) 아무리 <u>노력해도</u> 소용 없어요.　18

　　①힘을 써도　　　②손을 대도
　　③입을 맞춰도　　　④틈을 내도

5 2つの（　　　）に入れることができるものを①〜④の中から1つ選びなさい。

（マークシートの19番〜21番を使いなさい）　　　＜1点×3問＞

1）・친구는 은행에 돈을 （　　　） 갔어요.

　　・잃어버린 우산을 （　　　） 지하철역에 다시 가 봤어요.

　　　　　　　　　　　　　　　　　　　　　19

　　①만들러　　②얻으러　　③모으러　　④찾으러

2）・커피가 너무 （　　　） 설탕을 넣었어요.

　　・안경을 （　　　） 신문의 글씨가 잘 보여요.　　20

　　①달아서　　②벗어서　　③써서　　　④쥐어서

3）・함께 일하면서 （　　　）이 들어서 헤어지고 싶지 않아요.

　　・아이가 태어났을 때부터 많은 （　　　）을 쏟으면서 키웠어요.

　　　　　　　　　　　　　　　　　　　　　21

　　①울음　　②웃음　　③고생　　④정

6 対話文を完成させるのに最も適切なものを①〜④の中から1つ選びなさい。

（マークシートの22番〜25番を使いなさい）　　　＜2点×4問＞

1）A：어디 아파요?

　　B：（　22　）

　　A：그게 그렇게 재미있어요?

B:네, 요새 매일 밤 늦게까지 하기 때문에 잠이 모자라요.

①어제 재미있는 드라마를 봤어요.
②사실은 피곤해서 빨리 집에 가고 싶어요.
③어제 본 영화는 너무 재미있었어요.
④실은 어젯밤에 게임 때문에 잠을 못 잤거든요.

2) A:머리가 왜 그래요?
　 B:(　23　)
　 A:요새 일이 많아서 피곤한가 보네요.

①아침에 늦게 일어나서 머리를 못 감았어요.
②네, 밖에 바람이 불거든요.
③아침에 일찍 일어나서 준비했어요.
④머리가 아파서 약을 먹었어요.

3) A:주말에 만나면 뭐 할까요?
　 B:(　24　)
　 A:그래도 주말인데 영화관에 가서 영화라도 봐요.
　 B:영화는 집에서도 볼 수 있잖아요.

①우리 백화점에 같이 쇼핑하러 가요.
②난 집에서 같이 얘기하면서 맛있는 거 먹고 싶어요.
③주말에 만나서 같이 결정해요.
④주말에는 공원에 가서 산책할까요?

4）A：주말인데 회사에 가세요?

　　B：(　25　)

　　A：밤 늦게까지 일하실 거예요?

　　B：아니요, 빨리 끝내고 저녁에는 친구를 만날 거예요.

　　①네, 끝나지 않은 일이 있어서 주말에 끝내야 해요.

　　②아니요, 우리 회사는 평일에만 일해요.

　　③병원에 가는 길에 회사에 잠깐 들를 거예요.

　　④주말에는 일할 필요가 없어요.

7 　下線部の漢字のハングル表記と同じものを①～④の中から1つ選びなさい。

　　　（マークシートの26番～28番を使いなさい）　　＜1点×3問＞

1）空気　　　　　　　　　　　　　　　　　　　　　　 26

　　①救急車　　②観光　　③広告　　④提供

2）主題　　　　　　　　　　　　　　　　　　　　　　 27

　　①注文　　②集中　　③種類　　④最終

3）違反　　　　　　　　　　　　　　　　　　　　　　 28

　　①以内　　②意志　　③危険　　④利益

219

8 文章を読んで【問1】~【問2】に答えなさい。
（マークシートの29番~30番を使いなさい）　　　＜2点×2問＞

　나는 대학교에서 영어를 전공하고 있어요. 지금 사 학년이에요. 나에게는 요즘 고민이 있어요. 다음 학기에 졸업을 하는데 졸업한 후에 무엇을 할지 아직 모르겠어요. 대학원에 가서 영어를 더 공부하든지 취직을 하든지 이 두 가지 중에서 선택을 하려고 해요. 사실 나는 대학원을 선택하고 싶어요. 그런데 부모님은 졸업하고 취직하라고 하세요. 그래서 공부를 할 것인지 돈을 벌 것인지 고민이 많아요. 이런 고민을 제일 친한 친구에게 얘기해 보았어요. 친구는 공부하지 말고 좋은 회사에 취직하라고 해요. 그리고 공부하고 싶으면 취직한 후에 공부하라고 해요. 하지만 일을 하면서 공부를 할 수 있을지 걱정이에요. 그래서 내일은 학교 교수님과 조금 더 (　29　) 해 보려고 해요.

【問1】（ 　29　 ）に入れるのに適切なものを①~④の中から1つ選びなさい。
　　　　　　　　　　　　　　　　　　　　　　　　　　　　29

　　①자세하게 보고를　　　②한꺼번에 연구를
　　③적극적으로 회의를　　④구체적으로 상담을

【問2】本文の内容と一致しないものを①~④の中から1つ選びなさい。
　　　　　　　　　　　　　　　　　　　　　　　　　　　　30

　　①나는 졸업한 후에 무엇을 해야 할지 고민하고 있다.
　　②나는 다음 학기에 졸업할 예정이다.
　　③나는 졸업 후에 대학원에 갈 것이다.

④친구는 나에게 졸업 후에 취직하라고 한다.

9 文章を読んで【問1】～【問2】に答えなさい。
（マークシートの31番～32番を使いなさい） ＜2点×2問＞

우진 : 이번 일요일에 친구 집에서 집들이가 있는데, 같이 안 갈래요?

톰 　: 우진 씨 친구의 집들이인데 제가 가도 괜찮을까요?

우진 : 그럼요. 톰 씨 말고 다른 외국인들도 많이 올 거예요. 친구
　　　가 외국인 회사에 다니거든요.

톰 　: 저는 사람들 만나는 것을 좋아하니까 가고 싶어요. 그런데
　　　집들이 장소가 어디예요? (　31　) 찾아갈 수 있을까요?

우진 : 혼자 가지 말고 저하고 만나서 같이 가는 게 어때요?

톰 　: 네. 그렇게 하는 게 좋겠네요.

우진 : 제가 토요일에 다시 연락 드릴게요. 그때 약속 장소하고 시
　　　간을 정합시다.

톰 　: 네, 좋아요. 정말 기대되는데요.

＊）집들이 : 引っ越し祝い、引っ越しパーティー

【問1】（ 　31　 ）の中に入る言葉として最も適切なものを①～④の中から
　　　1つ選びなさい。 　31　

①어느새　　②함부로　　③여전히　　④혼자서

【問2】本文の内容と一致するものを①～④の中から1つ選びなさい。

　32

①우진은 외국인 회사에 다닌다.

②톰은 이번 일요일이 생일이다.

③톰은 사람들 만나는 것을 좋아한다.

④우진만 이번 일요일에 친구 집들이에 갈 것이다.

10 文章を読んで【問1】～【問2】に答えなさい。
(マークシートの33番～34番を使いなさい)　　　＜2点×2問＞

　사람들은 어떤 취미를 가지고 있을까? 나라마다 그 나라 사람들에게 인기 있는 취미가 다르다. 일본 사람들은 아이뿐만 아니라 어른들도 만화책을 잘 읽는다. 중국에서는 이른 아침부터 공원에서 몸을 움직이며 운동을 하는 사람들을 많이 볼 수 있다. 한국인은 등산을 가거나 운동을 많이 한다. 날씨가 좋은 호주에서는 많은 사람들이 낚시를 하며 여유 있게 자연을 즐긴다. 비가 많이 내리는 영국에는 마당을 예쁘게 가꾸는 사람들이 많다. 물론 세상에는 특별히 좋아하는 취미가 없는 사람도 있다. 만약 취미가 없는 사람이 이런 취미들을 가진다면 좀 더 즐거운 생활을 할 수 있을 것이다.

＊) 낚시 : 釣り

【問1】本文を読んで分かるものを①～④の中から1つ選びなさい。　　33

①나라마다 취미가 같은 이유

②각 나라에서 인기 있는 취미

③취미가 없는 사람들의 생활

④취미를 즐기는 방법

【問2】本文の内容と一致するものを①～④の中から1つ選びなさい。 34

①한국에서는 날씨가 좋아서 낚시를 좋아하는 사람들이 많다.

②중국에서는 아침에 공원에서 운동하는 사람들이 많다.

③호주에서는 만화책을 읽으면서 스트레스를 푸는 사람들이 많다.

④일본에서는 등산을 가거나 운동을 하는 사람들이 많다.

11 下線部の日本語訳として適切なものを①～④の中から１つ選びなさい。

（マークシートの35番～37番を使いなさい） ＜2点×3問＞

1）집에 와서 숨 쉴 새도 없이 요리를 만들었어요. 35

①息苦しく ②手際よく
③息つく暇もなく ④時間がたつのも分からず

2）그 얘기는 두번 다시 입 밖에 내지 마세요. 36

①口に出さないでください ②話してください
③思い出さないでください ④口げんかしないでください

3）아닌 게 아니라 너무 비싸요. 37

①本当に ②いつでも ③むやみに ④余計に

12 下線部の訳として適切なものを①〜④の中から１つ選びなさい。

（マークシートの38番〜40番を使いなさい）　　　＜２点×３問＞

１）最近なぜか食欲がありません。　　　　　　　　　　　38

　　①밥맛이 없어요　　　　　②밥이 맛있어요
　　③밥이 없어요　　　　　　④밥이 안 돼요

２）私の考えが甘かったようです。　　　　　　　　　　　39

　　①생각이 없었던 것 같아요　　②생각이 달았던 것 같아요
　　③생각이 많은 것 같아요　　　④생각이 짧았던 것 같아요

３）今日授業があるのに、示し合わせたかのようにみんな来なかったです。

　　　　　　　　　　　　　　　　　　　　　　　　　　40

　　①싸움이나 한 것처럼　　　②만나기나 한 것처럼
　　③생각이나 한 것처럼　　　④약속이나 한 것처럼

STEP

4

総仕上げ点検！
模擬試験
解 答

模擬試験❶ 聞き取り問題 正答一覧

問 題		マークシート番号	正 答	配 点
1	1）	1	④	2
	2）	2	③	2
2	1）	3	④	2
	2）	4	②	2
	3）	5	①	2
	4）	6	③	2
	5）	7	④	2
	6）	8	②	2
3	1）	9	①	2
	2）	10	②	2
	3）	11	③	2
	4）	12	①	2

問 題		マークシート番号	正 答	配 点
4	1）	13	④	2
	2）	14	④	2
	3）	15	②	2
	4）	16	②	2
5	1）	17	③	2
	2）	18	②	2
	3）	19	④	2
	4）	20	②	2

採点

試験	日付	聞き取り	筆記	合計
1回目	／	点／40点	点／60点	点／100点
2回目	／	点／40点	点／60点	点／100点

問　題		マークシート番号	正　答	配　点
1	1）	1	④	1
	2）	2	②	1
	3）	3	①	1
2	1）	4	④	1
	2）	5	③	1
	3）	6	④	1
	4）	7	②	1
	5）	8	①	1
	6）	9	③	1
3	1）	10	③	1
	2）	11	①	1
	3）	12	③	1
	4）	13	③	1
	5）	14	③	1
4	1）	15	①	2
	2）	16	②	2
	3）	17	④	2
	4）	18	③	2
5	1）	19	③	1
	2）	20	④	1
	3）	21	②	1

問　題		マークシート番号	正　答	配　点
6	1）	22	③	2
	2）	23	②	2
	3）	24	①	2
	4）	25	③	2
7	1）	26	②	1
	2）	27	④	1
	3）	28	④	1
8	1）	29	②	2
	2）	30	②	2
9	1）	31	①	2
	2）	32	②	2
10	1）	33	③	2
	2）	34	②	2
11	1）	35	②	2
	2）	36	①	2
	3）	37	②	2
12	1）	38	②	2
	2）	39	④	2
	3）	40	④	2

STEP
4
模擬試験❶

解答

模擬試験 1 聞き取り問題 　解答

1 1）正解 ④

【音声】

①할머니는 일어나서 청소를 하고 있습니다.
②어머니는 앉아서 신문을 읽고 있습니다.
③아버지는 누워서 독서를 하고 있습니다.
④아이는 앉아서 숙제를 하고 있습니다.

①祖母は立って掃除をしています。
②お母さんは座って新聞を読んでいます。
③お父さんは横になって読書をしています。
④子どもは座って宿題をしています。
Point 家族のそれぞれが行っている動作、行動を、イラストを見ながらきちんと把握しましょう。

2）正解 ③

【音声】

①주말에는 회사에 안 가고 집에서 쉽니다.
②평일에 친구와 함께 등산을 갑니다.
③평일에 영어 회화를 공부합니다.
④주말에 친구와 영화를 보러 갑니다.

①週末は会社に行かずに家で休みます。
②平日に友達と一緒に登山に行きます。
③平日に英会話を勉強します。
④週末に友達と映画を見に行きます。
Point 주말（週末）＝토（土）・일（日）、평일（平日）＝월（月）～금（金）であることを把握しましょう。予定の内容はそれぞれ、**영어 회화 수업**（英会話の授業）、**테니스 연습**（テニスの練習）、**친구와 영화 감상**（友達と映画鑑賞）、**회사 출근**（会社に出勤）、**등산**（登山）。

2 1）正解 ④

◀音声

가수나 배우가 무대에서 하는 것을 말합니다.

①가사　②강의　③감동　④공연

歌手や俳優が舞台ですることを言います。

①歌詞／家事　②講義　③感動　④公演

Point 강의（講義）の場合は、선생님이／강사가 교실에서 하는 것（先生が／講師が教室ですること）と説明できます。

2）正解 ②

◀音声

종이나 머리를 자를 때 쓰는 것입니다.

①냄비　　②가위　　③노트북　　④단추

紙や髪を切る時に使うものです。

①鍋　②はさみ　③ノートパソコン　④ボタン

3）正解 ①

◀音声

가게에서 계산을 할 때 돈을 내고 나중에 받는 돈을 말합니다.

①거스름돈　　②학비　　③잔돈　　④달러

お店で会計をする時、お金を支払った後で受け取るお金を言います。

①お釣り　②学費　③小銭　④ドル

Point 「釣り銭」を잔돈と言うこともありますが、主に単位の小さい「小銭」を指しますので、この場合は①거스름돈（お釣り）を選びましょう。

4）正解 ③

◀音声

나라 사이에서 물건을 사고파는 것을 말합니다.

①단체　　②대화　　③무역　　④도망

国家間で物を売り買いすることを言います。

①団体　②対話　③貿易　④逃亡

5）正解 ④

STEP
4

模擬試験 ❶

解答　聞き取り

옷이 더러워져서 빨아야 하는 것을 말합니다.

①화장　②티셔츠　③켤레　④빨래

服が汚れて洗濯しなければならないものを言います。

①化粧　②Tシャツ　③〜足(そく)　④洗濯物

Point 켤레는、靴や靴下、手袋など二つで1組になる物を数える単位です。

6) 正解 ②

남자들 얼굴에 나는 것을 말합니다.

①머리　②수염　③주먹　④미남

男性たちの顔に生えるものを言います。

①頭　②ひげ　③こぶし　④美男

Point 수염이 나다で「ひげが生える」です。

3 1) 正解 ①

점심을 왜 지금 드세요?

①사실은 오늘 너무 바빠서 점심을 못 먹었어요.

②사실은 친구랑 영화 보러 가고 싶어요.

③왜냐하면 점심이 너무 맛있었어요.

④저는 요리를 안 하거든요.

昼食をなぜ今召し上がっているんですか？

①実は今日忙しすぎて昼食を食べられなかったんです。

②実は友達と映画を見に行きたいです。

③なぜならば昼食がとてもおいしかったからです。

④私は料理をしないんですよ。

Point 質問から相手が通常の昼食時間に昼食を食べていないことが分かるので、その理由になる応答文を選びましょう。

2) 正解 ②

기분이 안 좋아 보여요. 무슨 일 있었어요?

① 사실은 저는 여행을 갈 거예요.

② 사실은 친구하고 싸웠어요.

③ 후배들하고 캠핑을 가기로 했어요.

④ 어제 조카가 놀러 왔어요.

> 浮かない顔ですね。何かあったんですか？
> ① 実は私は旅行に行くつもりです。
> ② 実は友達とけんかしました。
> ③ 後輩たちとキャンプに行くことにしました。
> ④ 昨日おい／めいが遊びに来ました。
> **Point** 기분이 안 좋아 보여요は「気分が良くないように見えます」。その理由にふさわしい答えを選んでください。

3）正解 ③

🔊 音声

어제 전화했는데 왜 안 받았어요?

① 어제 전철을 타고 집에 갔어요.

② 전화를 새로 샀는데 편리해요.

③ 어제 피곤해서 집에 가자마자 잤거든요.

④ 숙제가 너무 많아서 힘들었어요.

> 昨日電話したのに、なぜ出なかったんですか？
> ① 昨日電車に乗って家に帰りました。
> ② 電話を新しく買ったんですが、便利です。
> ③ 昨日疲れたので家に帰ってすぐ寝たんです。
> ④ 宿題が多すぎて大変でした。
> **Point** ふさわしい応答文は、電話に出なかった理由になるものです。

4）正解 ①

🔊 音声

우리 어머니, 아버지하고 의논하고 싶은 게 있어요.

① 요새 고민이라도 있어요?

② 어머니하고 사이가 좋지 않나 봐요.

③부모님은 무슨 일을 하세요?

④이번 주말에 뭐 할 거예요?

うちの両親に相談したいことがあります。

①最近悩みでもあるんですか？

②お母さんと仲が良くなさそうですね。

③ご両親は何の仕事をされていますか？

④今週末に何をするつもりですか？

4 1）正解 ④

◀音声

저는 진수인데 한국에서 왔습니다. 나이는 스물일곱 살이고 일본 회사에서 일하게 돼서 일본에 왔습니다. 일본에 온 지 반 년 됐습니다. 그런데 일본에 온 것이 처음은 아닙니다. 저는 대학생 때 1년 동안 일본에서 유학을 했습니다. 그래서 일본 생활이 힘들지 않습니다. 일본 친구도 많이 있어서 즐겁습니다. 평일에는 회사에서 일하고 주말에는 일본 친구들이랑 등산을 하거나 맛있는 음식을 먹으러 다닙니다. 이번 휴가 때는 일본 친구들이랑 같이 한국에 가서 한국의 여기저기를 여행할 것입니다.

私はジンスで韓国から来ました。年は27歳で日本の会社で働くことになって日本に来ました。日本に来て半年たちました。でも、日本に来たのは初めてではありません。私は大学の時に1年間日本で留学をしました。だから、日本の生活が大変ではありません。日本の友達もたくさんいて楽しいです。平日は会社で働き、週末は日本の友達と登山をしたり、おいしい食べ物を食べに行っています。今度の休暇には日本の友達と一緒に韓国に行って韓国のあちこちを旅行する予定です。

Point 「年齢は27歳」「留学していたのは大学生の時」「日本に来て半年たった」などの情報が聞き取れていれば正解が選べます。**스물일곱**(27)、**반 년**(半年)、**1년 동안**(1年間)など数詞を聞き逃さないようにしましょう。

2）正解 ④

◀音声

잠시 안내 말씀을 드리겠습니다. 지금 아이를 찾고 있습니다. 빨간색 티셔츠에 흰색 치마를 입고 있는 네 살짜리 여자 아이를 찾고 있습니다. 흰색 모자를 쓰고 있습니다. 지하철역 화장실 앞에서 없어졌다고 합니다. 이 아이를 보호하고 계시거나 보신 분은 지하철역 일층에 있는 안내소로 연락해 주시기 바랍니다. 감사합니다.

> ご案内申し上げます。ただ今子どもを捜しております。赤色のTシャツに白いスカートをはいている4歳の女の子を捜しております。白い帽子をかぶっています。地下鉄駅のトイレの前でいなくなったそうです。この子を保護されているか見掛けられた方は、地下鉄駅の1階にある案内所までご連絡ください。ありがとうございます。
>
> **Point** 빨간색(赤色)、흰색(白色)、티셔츠(Tシャツ)、치마(スカート)、모자(帽子)など混乱しやすい要素を落ち着いてメモしながらきちんと聞き取りましょう。

3）正解 ②

◀ 音声 ─

남: 지난주 토요일에 야구장에 같이 간 사람 남자 친구예요?
여: 네, 그래요. 회사 선배인데 지난달부터 사귀기 시작했어요.
남: 정말이요? 그 사람 어떤 점이 마음에 들었어요?
여: 첫인상이 좋았어요. 착하고 조용한 편이에요.

> 男：先週の土曜日に野球場に一緒に行った人は彼氏ですか？
> 女：はい、そうです。会社の先輩で先月から付き合い始めました。
> 男：本当ですか？ その人のどんなところが気に入ったんですか？
> 女：第一印象が良かったんです。優しくてもの静かな方です。
>
> **Point** 男性と女性の会話の中に女性の**남자 친구**(彼氏、恋人である男性)が出てくるので、会話をしている男性のことと混同しないよう正解を選びましょう。

4）正解 ②

◀ 音声 ─

남: 손님 머리를 어떻게 잘라 드릴까요?
여: 뒷머리는 짧게 잘라 주시고 앞머리도 조금 잘라 주세요.
남: 파마도 하실 거예요?

여:아니요, 오늘은 머리만 잘라 주세요.

男：お客さま、髪をどのようにお切りしましょうか？

女：後ろ髪は短く切って、前髪も少し切ってください。

男：パーマもなさいますか？

女：いいえ。今日は髪だけ切ってください。

Point 앞머리(前髪)、뒷머리(後ろ髪)などの単語を覚えて、髪を切る時のお客さんと美容師の会話をよく聞き取りましょう。자르다は르変格の用言なので、잘라 주세요(切ってください)のように活用します。

5 1)正解 ③

🔊音声

내가 제일 좋아하는 사람은 민우 형입니다. 민우 형은 대학교 선배인데 지금은 학교를 졸업하고 무역회사에 다니고 있습니다. 성격이 밝고 이야기도 재미있게 해서 같이 있으면 기분이 좋아집니다. 그리고 사람들에게 인기도 많습니다. 또 키도 크고 잘생겨서 어떤 옷을 입어도 잘 어울립니다. 뭐든지 열심히 노력하는 사람입니다. 그런데 여자 친구가 없습니다. 아마 눈이 높은 것 같습니다.

私が一番好きな人はミヌさんです。ミヌさんは大学の先輩で今は学校を卒業して貿易会社に勤めています。明るい性格で話も面白くて一緒にいると気分が良くなります。そしてみんなに人気もあります。また、背も高くてかっこいいので、どんな服を着てもよく似合います。何でも一生懸命に努力する人です。ですが、彼女がいません。おそらく理想が高いようです。

①ミヌは大学の先輩で公務員だ。

②ミヌは仕事が忙しくて彼女がいない。

③ミヌは明るい性格で面白い人だ。

④ミヌは理想が高くて彼女がとてもきれいだ。

Point 눈이 높다は、一定のレベルより高いものを求める傾向にあることを言い、特に異性に対して「理想が高い」という意味でよく使われる表現です。

2)正解 ②

🔊音声

지난주에 제 휴대 전화가 고장이 났습니다. 그래서 휴대 전화를 샀던 가게에 갔습니다. 주말이기 때문에 사람이 너무 많아서 30분이나 기다려야 했습니다. 점원은 제 휴대 전화를 보고 새로운 휴대 전화로 바꾸는 게 어떻겠냐고 했습니다. 저는 휴대 전화를 산 지 반 년밖에 안 됐기 때문에 고쳐서 쓰겠다고 했습니다. 그런데 고치려면 한 달 정도 걸릴 것 같습니다.

先週私の携帯電話が故障しました。それで携帯電話を買った店に行きました。週末なので人がとても多くて30分も待たなければなりませんでした。店員は私の携帯電話を見て新しい携帯電話に買い換えるのはどうかと言いました。私は携帯電話を買って半年しかたっていないので、直して使うと答えました。ところが、直すためには1カ月くらいかかりそうです。
①今週携帯電話が故障した。
②携帯電話を直すまでに1カ月ほどかかるだろう。
③新しい携帯電話を買う予定だ。
④携帯電話を買って1カ月しかたっていない。

3）正解 ④

🔊音声

여 : 지하철을 타고 회사에 오는 동안 지하철 안에서 뭐 하세요?
남 : 보통은 책을 읽거나 잠을 자요. 하나 씨는요?
여 : 저는 음악을 듣거나 자요. 가끔씩 자다가 못 내릴 때도 있어요.
남 : 저도 가끔씩 내릴 역을 놓쳐서 놀랄 때가 있어요.

女：地下鉄に乗って会社に来る間、地下鉄の中で何をしていますか？
男：たいていは本を読んだり、寝ています。ハナさんは？
女：私は音楽を聴くか寝ています。時々寝ていて降りられない時もあります。
男：私も時々降りそびれて、驚く時があります。
①男性は地下鉄の中で、本を読んだり音楽を聴く。
②女性はバスの中で、音楽を聴きながら本を読む。
③男性はバスの中で、本を読んだり寝ている。
④女性は地下鉄の中で、寝ていて降りられなかったことがある。
Point 내릴 역을 놓치다は、「降りる駅を逃す」つまり「駅で降りそびれる」「（電車・バスなどを）乗り過ごす」という意味になります。

---

4) 正解 ②

여 : 제가 만든 요리예요. 맛 좀 보세요.

남 : 너무 맛있어요. 요리를 정말 잘 하시네요.

여 : 요리하는 거 좋아하는데 요즘 바빠서 못 했어요.

남 : 저는 요리랑 청소, 빨래 다 안 좋아해요.

女 : 私が作った料理です。味見をしてみてください。

男 : とてもおいしいです。料理が本当にお上手ですね。

女 : 料理するのが好きですが、最近忙しくてできませんでした。

男 : 私は料理と掃除、洗濯全て好きじゃないです。

① 女性は掃除と洗濯が好きだ。

② 男性は家事が好きではない。

③ 男性は料理がとても上手だ。

④ 女性は最近よく料理をする。

Point 男性が「好きじゃない」と言っている料理、掃除、洗濯は、まとめて 집안일(家事)と言います。

1 1）正解 ④

目上の人がお話になる時はよく聞いてください。

Point 終声ㄷ + 初声ㅅは濃音化によりㅅがㅆになります。

2）正解 ②

一生懸命に努力して大統領になりました。

Point 終声ㅇ + 初声ㄹは鼻音化によりㄹがㄴになります。

3）正解 ①

この料理はおいしくないので食べないでください。

Point 複合語や単語と単語の間で前の単語のパッチムの後に母音이、야、여、요、유以外の母音で始まる語が続く場合は、パッチムがそのまま連音化はせず、パッチムの代表音が連音されます。맛+없으니까→[맏+업쓰니까]→[마덥쓰니까]（×마섭쓰니까）

2 1）正解 ④

子どもはいないけど、（　　　　　）います。姉の息子でとてもかわいいです。
①長女が　②伯父が　③長男が　④おいが

Point 「姉の息子」が指すのは「おい（조카）」ですが、조카は性別に関わらず、おいとめいのことを言います。長女は큰딸、장녀、長男は큰아들、장남と言い、큰아버지は父親の長兄を指します。

2）正解 ③

寒いので帽子と（　　　）もあるとよさそうですね。
①資格　②日本料理　③手袋　④寝巻き

Point 일식は일본 음식で「日本料理」のことです。

3）正解 ④

雨が降りそうなので、（　　　）家に帰ってください。

①ふと　②ぴったり　③久しく　④早く、すぐに

4）正解②

A：私の夢は医者になることです。
B：一生懸命に勉強して必ず夢を（　　　　　　　）。
①切ってください　②かなえてください　③起こしてください　④急いでください
Point 이루다は「成す、作り上げる」。꿈을 이루다で「夢をかなえる」という意味になります。

5）正解①

A：最近、会社生活はどうですか?
B：（　　　　　）合う先輩がいて働きやすいです。
①息が　②つじつまが　③大変なことが　④精神が
Point 손발이 맞다（息が合う）の他に、앞뒤가 안 맞다（つじつまが合わない）、큰일이 나다（大変な事が起こる）、정신이 없다（気が気ではない、無我夢中だ）などの表現も覚えましょう。

6）正解③

A：初めて見るかばんですね。新しく買ったんですか?
B：気に入ったかばんがあったので、（　　　　　）買いました。
①力を入れて　②ひと目で入ってきて　③思い切って　④腕を引いて
Point 눈을 딱 감다は「（過失などを）黙って見逃す」、また、눈 딱 감고〜の形で「思い切って〜する」という表現になります。この他、눈を使った表現は눈에 들다（①目に入る、目に留まる ②気に入る）、눈에 들어오다（目に入る、目に付く）、눈에 띄다（目立つ、目に付く）、눈으로 말하다（目でものを言う）、눈을 끌다（①目立つ ②人目を引く）、눈을 돌리다（目を向ける、目をやる）、눈이 가다（目が向く、目に留まる）、눈이 낮다（見る目がない）など数多くあります。

③ 1）正解③

私は歌手（　　　　　）二児の母です。
①（人・動物）から　②に　③であり　④として

2）正解 ①

> A：なんでこんなに遅れたの？
> B：実は家に（　　　　　）書店に寄って本を買ってきました。
> ①帰る途中に　②来て　③来る限り　④来るや否や

3）正解 ③

> これは間違いやすい（　　　　　）必ず覚えてください。
> ①問題のために　②問題によって　③問題なので　④問題だとしても

4）正解 ③

> A：どんな人が大会に参加できるんですか？
> B：誰（　　　）この大会に参加できます。
> ①ほど　②ごと　③でも　④（人・動物）に

5）正解 ③

> A：この仕事を明日までにお願いします。
> B：明日までにこれを全部（　　　　　　　）？
> ①やれと言います　②やるんでしょうか　③やれですって　④しますかって

4 1）正解 ①

> 知りたいことがあったらいつでも質問してください。
> ①気になる　②徹底的な　③便利な　④名残惜しい

2）正解 ②

> 病院には具合の悪い人たちが多いです。
> ①息子さんが　②患者が　③候補が　④会員が

3）正解 ④

> このようなかばんはどこに行ってもたくさんあります。
> ①大事です　②静かです　③詳しいです　④ありふれています

4）正解 ③

その話は何度も聞きました。
①息が詰まるほど　　②喉が渇くほど
③耳にたこができるほど　④とんでもないくらい
Point 귀가 아프게는、耳が痛くなるほど＝耳にたこができるほど、말도 안
되게는話にならないくらい＝とんでもないくらい、という表現です。

[5] 1）正解 ③

・子どもの前でため息を（　　　　）ないでください。
・うちのクラスは男子学生が多いので男女のペアを（　　　　）ませんでした。
Point 正解の選択肢を入れた文はそれぞれ、아이들 앞에서 한숨을 （③짓
지) 마세요(子どもの前でため息をつかないでください)、우리 반은 남자
학생이 많아서 남여 짝을 （③짓지) 못했어요(うちのクラスは男子学生が多
いので男女のペアを組めませんでした)となります。짓다は他に웃음을 짓
다(笑みをたたえる、ほほ笑む)、표정을 짓다(表情をつくる)、특징을 짓다(特
徴づける)、결론을 짓다(結論づける)などの表現もあります。

2）正解 ④

・日が（　　　）前に早く家に帰ってください。
・責任を（　　　）なくても避けられない問題です。
Point 正解の選択肢を入れた文はそれぞれ、해가 （④지기) 전에 빨리 집
에 들어가세요(日が沈む前に早く家に帰ってください)、책임 （④지기) 싫
어도 피할 수 없는 문제예요(責任を負いたくなくても避けられない問題です)
となります。지다는他に의무를 지다(義務を負う)、꽃이 지다(花が散る)な
どの表現があります。

3）正解 ②

・今日から（　　　）引き締めて一生懸命に勉強します。
・母の話は聞きもせずにテレビにばかり（　　　）なっていた。
Point 正解の選択肢を入れた文はそれぞれ、오늘부터 （②정신) 차리고 열
심히 공부하겠습니다(今日から気を引き締めて一生懸命に勉強します)、어
머니 말씀은 듣지도 않고 텔레비전에만 （②정신)을 팔았다(母の話は聞き
もせずにテレビにばかり夢中になっていた)となります。정신은他に정신

い が 나가다(ぼうっとする、正気を失う)、**정신이 들다**(気が付く、意識を取り
戻す)、**정신이 빠지다**(無我夢中になる)などの表現があります。

6 1）正解 ③

> A：ニュースで今日の午後から雨が降ると言っていました。
> B：（　　　　　　）
> A：はい、そうした方がいいと思います。
> ①本当ですか？　午後に雨が降るんですって？
> ②私は午後図書館に行かなければなりません。
> ③本当ですか？　では、傘を持って出掛けなきゃいけませんね。
> ④私は最近ニュースを見ていません。

2）正解 ②

> A：あの、ちょっとお聞きします。この建物にコーヒーを飲める所はありま
> すか？
> B：（　　　　　　）
> A：そうなんですね。自動販売機もないですか？
> ①この建物には店が多いです。
> ②この建物にはなくて隣の建物の２階にカフェがあります。
> ③私は今コーヒーを飲みたいです。
> ④コーヒーではなく食事をしてください。

3）正解 ①

> A：試験の結果が出ましたか？
> B：（　　　　　　）
> A：大丈夫ですよ。来年も試験があるのでまた試験を受ければいいんです。
> ①はい、一生懸命に勉強しましたが、合格できませんでした。
> ②まだ結果が出ていなくて待っています。
> ③はい、試験に合格しました。
> ④おかげさまでいい成績が取れました。
> **Point** Aが**다시 시험 보면 돼요**（また試験を受ければいいんです）と言っ
> てBを励ましているので、すでに試験の結果が出ていて、Aが合格できなかっ

たことが推測できます。

4）正解 ③

> A：あの子がミナさんの娘だそうです。
> B：(　　　　　　　　)
> A：はい、お母さんに似てきれいで学校で勉強もできるそうです。
> ①ミナさんはいつ結婚しましたか？
> ②ミナさんの娘はいくつですか？
> ③ミナさんの娘ですって？　ミナさんによく似ていますね。
> ④お母さんよりお父さんによく似ていますね。

7 1）正解 ②

> 道路＝도로
> ①동기　②도중　③대통령　④등산
> **Point** 도と表記する漢字には、「逃」「度」などがあります。

2）正解 ④

> 勇気＝용기
> ①여유　②요구　③유명　④무용
> **Point** 용と表記する漢字には、「容」「用」などがあります。

3）正解 ④

> 強調＝강조
> ①흥미　②교육　③교류　④강의
> **Point** 강と表記する漢字には、「康」「江」などがあります。

8

　ユキは私が韓国で初めてできた外国人の友達です。私たちは１年間同じ家に住んでいました。私たちは性格が違います。私は家にいるのが好きで静かな性格ですが、ユキは明るくて面白い性格です。初めて一緒に生活した数カ月間、私たちはよくけんかをしました。(　　　　　)ユキが掃除をあまりしなかったからです。それでいつも私が掃除をしなければなりませんでした。でも、ユキは料理が上手でした。週末になると私が一度も

食べたことのない日本料理を作ってくれました。私はユキのおかげでおいしい日本料理をよく食べることができました。その後、私はユキに毎晩寝る前に韓国語を教えてあげて、韓国の文化や歴史についても話してあげました。最初はぎくしゃくした関係でしたが、今は親しくなって大親友になりました。

【問1】正解 ②

①それで　②なぜならば　③ただ　④言わば

【問2】正解 ②

①ユキは明るくて面白い友達だ。
②私は韓国語を教える先生になった。
③私はユキのおかげでおいしい料理が食べられた。
④ユキは掃除をあまりしないが、料理は上手だ。

STEP 4 模擬試験❶ 解答 筆記

9　スヨン：あの話聞きましたか？　昨日、イ・ミンソさんが病院に入院したそうです。

ジフン：え？　それは本当ですか？

スヨン：はい、私も今朝ジュンスさんから聞きました。

ジフン：ひどい状態と言っていましたか？

スヨン：いいえ、ひどくはないそうです。昨日運動をしていて腰を痛めたらしいです。

ジフン：治療は長くかかると言っていましたか？

スヨン：1週間くらい入院する予定だそうです。それから、ジュンスさんが今日みんな仕事が終わった後に時間があるかと聞いています。

ジフン：私は今日約束があるんですが、どうしてですか？

スヨン：時間があったら、イ・ミンソさんが入院している病院にみんな一緒に行きましょうって。

ジフン：私も一緒に行きたいです。今日友達に会う予定でしたが、友達に電話して約束を来週に変更してみますね。

【問1】正解 ①

①ミンソがけがした理由　②スヨンが入院する期間
③ジフンの明日の計画　④ジュンスが治療を受ける病院

【問2】正解 ②

①ミンソは今日友達と約束がある。
②ジフンは友達との約束を延期するつもりだ。
③スヨンは昨日料理をしていて腰を痛めた。
④ジュンスは明日病院に行くつもりだ。

10 　韓国の春はたいてい3月に始まる。春は暖かくていろんな花が咲く。でも、3月は急に寒かったり雨が降ったり風が吹いたりする時がある。しかし、たいてい花が咲き始めると少しずつ暖かくなる。夏は6月から8月までだ。夏はとても暑い。特に7月は雨がたくさん降るが、この時期を梅雨時という。とても暑い時は夜も30度以上の暑い日が続き、（　　　　　　　　　）人も多い。秋は天気が良く涼しい風が吹くが、この季節は他の季節より短い。空がとても澄んで高い。冬は12月に始まるが、3月が始まるまで寒い日が続く。冬は風がたくさん吹き、雪もよく降る。

【問1】正解 ③

①引っ越す　②酒を飲む　③眠れない　④旅行に行く

【問2】正解 ②

①韓国の冬は寒いが、雪は降らない。　②韓国には四季がある。
③韓国の秋はとても長い。　④韓国の春には梅雨がある。

11 1）正解 ②

気が付いたら病院でした。

Point 정신을 차리다は「意識を取り戻す」「気が付く」。また「気を取り直す」「気を引き締める」の意味もあります。정신을 잃다（気を失う、失神する）などの表現も覚えましょう。

2）正解 ①

さまざまなことがありました。

Point 크고 작은は直訳すれば「大きく小さい」。大きなことから小さなことまで「いろいろな」「さまざまな」という意味になります。

3）正解 ②

あの人になぜか心が引かれます。

Point 마음이 가다(心が引かれる、心を寄せる)の他に**마음を使った表現には、마음에도 없는 소리**(心にもないこと、口先だけのこと)、**마음에 걸리다**(気にかかる、心配で心が落ち着かない)、**마음을 놓다**(①安心する ②油断する、気を緩める)、**마음을 쓰다**(①気を遣う、気を配る ②同情する、思いやる)、**마음을 주다**(心を許す、打ち解ける)、**마음이 급하다**(気が急く、気持ちが焦る)、**급한 마음에/급한 마음으로**(気が急いて、焦って)などがあります。

12 1）正解 ②

①雲と地ほどの差です　②雲泥の差です
③似たようなものです　④大して違いません

Point「あの人と私の実力は雲泥の差です」の韓国語訳は「**그 사람과 내 실력은 하늘과 땅의 차이예요**」。**하늘과 땅의 차이**は、「雲泥の差」「天と地ほどの差」「月とスッポン」のように訳せます。**하늘**を使った表現、**하늘이 돕다**(神に救われる、天の助け)などの表現も覚えましょう。

2）正解 ④

①手がない　②お金がない　③準備がない　④もうけがない

Point「もうけがない商売です」の韓国語訳は「**남는 게 없는 장사예요**」。**남는 게 없다**は「残るものがない」。つまり「利益がない」「得るものが何もない、何も残らない」という意味になります。

3）正解 ④

①分かるかのように　②見たかのように　③食べたかのように　④すっかり

Point「風邪がすっかり治りました」の韓国語訳は「**감기가 씻은 듯이 나았어요**」。**씻은 듯이**は「洗い流したかのように」。つまり「きれいさっぱり、すっかり」という意味になります。

模擬試験❷　聞き取り問題　正答一覧

問題		マークシート番号	正答	配点
1	1)	1	①	2
	2)	2	②	2
2	1)	3	①	2
	2)	4	③	2
	3)	5	④	2
	4)	6	②	2
	5)	7	①	2
	6)	8	③	2
3	1)	9	①	2
	2)	10	②	2
	3)	11	③	2
	4)	12	③	2

問題		マークシート	正答	配点
4	1)	13	④	2
	2)	14	②	2
	3)	15	②	2
	4)	16	②	2
5	1)	17	②	2
	2)	18	③	2
	3)	19	③	2
	4)	20	④	2

採点

試験	日付	聞き取り	筆記	合計
1回目	／	点／40点	点／60点	点／100点
2回目	／	点／40点	点／60点	点／100点

問 題		マークシート番号	正 答	配 点
1	1)	1	④	1
	2)	2	②	1
	3)	3	①	1
2	1)	4	②	1
	2)	5	①	1
	3)	6	①	1
	4)	7	④	1
	5)	8	③	1
	6)	9	①	1
3	1)	10	②	1
	2)	11	③	1
	3)	12	③	1
	4)	13	③	1
	5)	14	④	1
4	1)	15	④	2
	2)	16	③	2
	3)	17	②	2
	4)	18	①	2
5	1)	19	④	1
	2)	20	③	1
	3)	21	④	1

問 題		マークシート番号	正 答	配 点
6	1)	22	④	2
	2)	23	①	2
	3)	24	②	2
	4)	25	①	2
7	1)	26	④	1
	2)	27	①	1
	3)	28	③	1
8	1)	29	④	2
	2)	30	③	2
9	1)	31	④	2
	2)	32	③	2
10	1)	33	②	2
	2)	34	②	2
11	1)	35	③	2
	2)	36	①	2
	3)	37	①	2
12	1)	38	①	2
	2)	39	④	2
	3)	40	④	2

STEP **4**
模擬試験❷
解答

① 1）正解 ①

🔊音声 ────────────────

①아이는 원숭이를 구경하고 있습니다.

②아이는 개하고 산책하고 있습니다.

③엄마는 아이와 함께 놀고 있습니다.

④엄마는 고양이를 찾고 있습니다.

> ①子どもは猿を見物しています。
> ②子どもは犬と散歩しています。
> ③母は子どもと一緒に遊んでいます。
> ④母は猫を捜しています。

2）正解 ②

🔊音声 ────────────────

①사거리에서 차가 왼쪽으로 돌고 있습니다.

②사거리에서 차가 오른쪽으로 돌고 있습니다.

③건너편에서 차가 오고 있습니다.

④건너편 오른쪽에 차가 있습니다.

> ①交差点で車が左に曲がっています。
> ②交差点で車が右に曲がっています。
> ③向かい側から車が来ています。
> ④向かい側の右側に車がいます。

② 1）正解 ①

🔊音声 ────────────────

맛이 싱거울 때 넣는 것입니다.

①간장　②일식　③찻집　④지짐이

> 味が薄い時に入れるものです。
> ①しょうゆ　②日本料理　③喫茶店　④チヂミ

2）正解 ③

◀음声

영화를 만들 때의 책임자를 말합니다.
①배우 ②탤런트 ③감독 ④친척

映画を作るための責任者のことを言います。
①俳優 ②タレント ③監督 ④親戚

3）正解 ④

◀음声

성공하지 못하는 것을 말합니다.
①의문 ②위험 ③역할 ④실패

成功できないことを言います。
①疑問 ②危険 ③役割 ④失敗

4）正解 ②

◀음声

다른 사람, 특히 윗사람의 부탁으로 하는 것을 말합니다.
①업무 ②심부름 ③연구 ④버릇

他の人、特に目上の人に頼まれてすることを言います。
①業務 ②お使い ③研究 ④癖

5）正解 ①

◀음声

문제가 있어서 화가 났을 때 관계가 있는 사람과 하는 것입니다.
①싸움 ②작문 ③자막 ④유행

問題があって腹が立った時に、関係がある人とすることです。
①けんか ②作文 ③字幕 ④流行

6）正解 ③

◀음声

단어나 말의 표현 등을 그대로 외우는 것을 말합니다.
①의지 ②만점 ③암기 ④모습

単語や言葉の表現などをそのまま覚えることを言います。
①意志　　②満点　　③暗記　　④姿

<u>3</u> 1）正解 ①

◀音声

무슨 일로 오셨습니까?

①사실은 아까 역 화장실에서 지갑을 잃어버렸어요.

②은행 앞에서 잃어버린 핸드폰을 찾았어요.

③지금 친구 전화를 기다리고 있어요.

④현금으로 계산해 주세요.

どのようなご用件でしょうか？
①実はさっき駅のトイレで財布をなくしました。
②銀行の前でなくした携帯電話を見つけました。
③今、友達の電話を待っています。
④現金で会計をお願いします。

2）正解 ②

◀音声

어디 아프세요?

①오늘은 점심을 안 먹을 거예요.

②오늘 아침부터 머리가 아파요.

③어제 친구하고 테니스를 쳤어요.

④집에서 병원까지 가까워요.

どこか具合でも悪いんですか？
①今日は昼食を食べないつもりです。
②今朝から頭が痛いです。
③昨日、友達とテニスをしました。
④家から病院まで近いです。

Point 어디 아프세요?は体調が悪そうな人に対して「どこか具合でも悪いんですか？」と尋ねるフレーズ。어디가 아프세요?と言うと「どこが痛いんですか？」「どこが具合が悪いんですか？」のように具体的に尋ねるニュアンス。

3）正解 ③

■音声

지민 씨 집에 아기가 태어났대요.
①몇 시에 집에 왔대요?
②정말이요? 누구를 만났대요?
③정말이요? 아들이래요? 딸이래요?
④아들을 원한대요? 딸을 원한대요?

> ジミンさんの家に赤ちゃんが生まれたそうです。
> ①何時に家に帰ってきたと言っていますか?
> ②本当ですか?　誰に会ったと言っていますか?
> ③本当ですか?　息子だと言っていますか、娘だと言っていますか?
> ④息子を望んでいると言っていますか?　娘を望んでいると言っていますか?
>
> **Point** -대요、～래요はそれぞれ-다고 해요(～する／したそうです、～する／したと言っています)、～라고 해요(～だそうです、～だと言っています)の縮約形です。

4）正解 ③

■音声

오늘 나올 때 문을 잘 잠갔어요?
①저는 오늘 문을 닫았어요.
②네, 제가 제일 먼저 집을 나왔어요.
③물론이지요. 열쇠로 잘 잠그고 나왔어요.
④집에서 하루 종일 문을 잠그고 지냈어요.

> 今日外出する時にドアにちゃんと鍵をかけましたか?
> ①私は今日ドアを閉めました。
> ②はい、私が一番先に家を出てきました。
> ③もちろんですよ。ちゃんと鍵をかけてきました。
> ④家で一日中ドアに鍵をかけて過ごしました。
>
> **Point** 문을 닫다は「ドアを閉める」、문을 잠그다は「ドアに鍵をかける」の意味です。

4 1）正解 ④

저는 지난주에 이곳으로 새로 이사 왔습니다. 2층에 살고 있는데 주변도 조용하고 깨끗해서 마음에 듭니다. 그리고 역에서 걸어서 5분밖에 걸리지 않고 편의점이 집 앞에 있어 아주 편리합니다. 그런데 오늘 문제가 하나 생겼습니다. 갑자기 방의 창문이 안 닫힙니다. 겨울이라서 창문을 열어 놓으면 방이 너무 춥습니다. 집주인에게 전화해 봐야겠습니다.

> 私は先週ここに引っ越してきました。2階に住んでいるんですが、周辺も静かできれいなので気に入っています。そして駅から歩いて5分しかかからず、コンビニエンスストアが家の前にあってとても便利です。ところが、今日問題が一つ生じました。突然部屋の窓が閉まりません。冬なので窓を開けておくと部屋がとても寒いです。大家さんに電話してみなければなりません。
>
> **Point** 닫다は「閉める」、닫히다は「閉まる」です。집주인は「大家」「家主」のことです。

2）正解 ②

오늘도 저희 백화점을 이용해 주셔서 감사합니다. 백화점 2층 가방 가게가 오늘 새로 문을 열었습니다. 오늘 가방을 사시는 분들께는 특별히 삼십 퍼센트 싼 가격으로 드립니다. 그리고 가방을 사시는 분들께는 선물도 드리겠습니다. 많은 이용 바랍니다.

> 本日も私共デパートをご利用いただき、ありがとうございます。デパート2階のかばん店が本日新しく開店いたしました。本日かばんをお買い上げの方には特別に30パーセント安くご提供いたします。そしてかばんをお買い上げの方々にはプレゼントも差し上げます。たくさんのご利用をお願いいたします。

3）正解 ②

여 : 다음 주 토요일에 우리 모임에서 등산을 간대요.
남 : 정말이요? 어디로 간대요?
여 : 지리산으로 간대요. 상민 씨도 갈 거죠?
남 : 와, 지리산 꼭 한번 가 보고 싶었는데 저도 갈래요.

女：来週の土曜日にうちのサークルで登山に行くそうです。

男：本当ですか？　どこに行くと言っていましたか？

女：智異山に行くそうです。サンミンさんも行くでしょう？

男：わあ、智異山へぜひ一度行ってみたかったので、私も行きます。

Point 모임は「集まり、会合」の意味で、趣味を同じくする人たちの「サークル」「同好会」の意でも使われます。**저도 갈래요**(私も行きます)の**-ㄹ래(요)**は、意向や意志を表す語尾です。

4) 正解 ②

🔊 音声 ─────────

남：우리 아이스 커피 마실까요?

여：아이스 커피 말고 주스를 마십시다.

남：찬 음료는 아이스 커피밖에 없어요.

여：그럼, 저는 찬 음료 말고 따뜻한 커피 마실래요.

男：アイスコーヒー飲みましょうか？

女：アイスコーヒーではなく、ジュースを飲みましょう。

男：冷たい飲み物はアイスコーヒーしかありません。

女：じゃあ、私は冷たい飲み物ではなく温かいコーヒーを飲みます。

5 1) 正解 ②

🔊 音声 ─────────

내일 날씨를 전해 드리겠습니다. 토요일인 내일은 아침부터 비가 내리겠습니다. 내일 밖에 나가시는 분은 우산을 준비하시는 게 좋겠습니다. 하지만 토요일 밤부터 비가 그쳐 일요일에는 날씨가 아주 맑겠습니다. 기온도 많이 올라가서 아침 기온이 25도 정도 되겠습니다. 낮에는 32도로 아주 덥겠습니다. 지금까지 날씨를 전해 드렸습니다.

明日の天気をお伝えします。土曜日の明日は朝から雨が降るでしょう。明日お出掛けされる方は傘を用意されるのがいいでしょう。しかし、土曜日の夜から雨がやんで日曜日は天気がよく晴れるでしょう。気温もだいぶ上がって朝の気温が25度ほどになるでしょう。昼間は32度でとても暑いでしょう。以上、天気をお伝えしました。

①明日は昼からとても暑いだろう。

②土曜日は出掛ける時、傘を持って行くのがいいだろう。

③あさっては朝から雨が降るだろう。

④日曜日の朝は雨が降って夜はやむだろう。

Point 曜日、雨、晴れ、気温などの情報が続くため混乱しがちです。必ずメモを取るようにしましょう。**비가 그치다**で「雨がやむ」。

2)正解 ③

🔊音声 ─────────

박물관 안내소에서 안내 말씀 드리겠습니다. 지금 지갑과 열쇠를 맡고 있습니다. 박물관 안에 있는 기념품 가게에서 기념품을 사시고 까만색 지갑과 금색 열쇠를 놓고 가신 분은 박물관 1층에 있는 종합 안내소로 와 주시기 바랍니다.

博物館案内所からご案内申し上げます。ただ今、財布と鍵を預かっております。博物館の中にある記念品ショップで記念品をお買いになり、黒い財布と金色の鍵を置いていかれた方は博物館1階にある総合案内所までお越しください。

①博物館で財布と携帯電話をなくした。

②財布も鍵も黒色だ。

③博物館1階にある案内所から案内している。

④レストランで食事をして財布を置いて行った。

Point **까만색**(黒色)、**금색**(金色)の色と、財布、鍵のアイテムを正確に聞き取りましょう。

3)正解 ③

🔊音声 ─────────

여 : 여보세요? 연극 공연을 예약했는데 취소하려고요.

남 : 언제 하는 공연을 예약하셨습니까?

여 : 내일 오후 6시 공연인데요.

남 : 예약하신 분 성함과 연락처가 어떻게 되십니까?

女 : もしもし。演劇公演を予約したのですが、キャンセルしようと思いまして。

男 : いつの公演を予約されましたか?

女 : 明日の午後6時の公演なんですが。

男 : 予約された方のお名前と連絡先を教えていただけますか?

①明日見る映画の映画チケットの前売り券を買おうとしている。

②演劇公演を予約しようとするが、チケットがない。

③予約した演劇公演をキャンセルしている。

④明日の午後6時に演劇公演を見る予定だ。

Point 취소하다は「取り消す」。キャンセルする、取りやめる、(発言などを)撤回するなどの意味で使われる。

4）正解 ④

🔊音声

남：영미 씨, 여기 웬일이세요?

여：내일이 아들 생일이라서 선물을 사러 왔어요.

남：그렇군요. 선물 사셨어요?

여：아니요, 옷을 사려고 하는데 맘에 드는 게 없네요.

女：ヨンミさん、ここで何をしているんですか？

男：明日が息子の誕生日なのでプレゼントを買いに来ました。

女：そうなんですか。プレゼントは買いましたか？

男：いいえ、服を買おうと思うんですが、気に入るものがありませんね。

①男性と女性は教会で会った。

②明日は男性の娘の誕生日だ。

③女性は息子の誕生日のプレゼントとして服を買った。

④明日が女性の息子の誕生日だ。

Point 여기 웬일이세요?は、「ここに何の用でいるんですか？」「ここに何の用で来たんですか？」「どうしてここにいるんですか？」などのニュアンスです。

模擬試験 2　筆記問題　解答

[1] 1）正解 ④

本の種類が多いので、ここから選んでみてください。

Point 終声ㅇ＋初声ㄹは鼻音化により初声ㄹがㄴになります。

2）正解 ②

先生のお話を理解できませんでした。

Point 否定の副詞「못」が母音で始まる後続の単語と結合する場合は、パッチム「ㅅ」の代表音 [ㄷ] が連音されます。못 알아들었어요→ [몯＋아라드러써요]→ [모다라드러써요]

3）正解 ①

成績だけで人を評価しないでください。

Point 漢字語における濃音化です。

[2] 1）正解 ②

週末は髪も切って（　　　　）もそりたいです。

①粉　②ひげ　③看板　④美容室

Point 머리를 자르다（髪を切る）、수염을 깎다（ひげをそる）などの表現を覚えましょう。

2）正解 ①

電気、水道をたくさん使ったので今月は払わなければならない（　　　　）とても多いです。

①料金が　②文字が　③領収証が　④交通費が

3）正解 ①

うちの子が具合が悪いより、（　　　　）私が具合が悪い方がましです。

①いっそ　②大変　③ついに　④並んで

Point 차라리は「いっそのこと」「むしろ」。

4）正解 ④

A：私、来週引っ越します。
B：本当ですか？　突然引っ越すことになってとても（　　　）。
①恥ずかしいです　②下手です　③かわいそうです　④名残惜しいです
Point 이사(를) 가다で「引っ越す、引っ越していく」。이사(를) 오다は「引っ越す、引っ越してくる」です。섭섭하다は、別れなどが名残惜しくて寂しいことを表現します。

5）正解 ③

A：最近とてもつらいです。
B：（　　　）言わないで仕事をしてください。
①長い声を　②笑い声を　③泣き言を　④まともな話を
Point 우는 소리は「泣き言、愚痴」の意味。우는 소리 (를) 하다は「泣き言を言う、愚痴をこぼす、駄々をこねる」という意味になります。

6）正解 ①

A：うちの子は最近ゲームに（　　　）勉強をしません。
B：うちの子は毎日漫画ばかり読んでいて心配です。
①夢中になって　②正気に返って　③気を失って　④意識を取り戻して
Point 정신을 팔다、정신이 팔리다は「ほかのことに気を取られる」「没頭する、夢中になる」という意味です。

3 1）正解 ②

学生たちは学生たち（　　　）先生に不満が多いようです。
①ほど　②なりに　③だけ　④と

2）正解 ③

A：その公園をなぜ知っているんですか？
B：前に友達と一緒に（　　　）場所です。
①行く　②行ったはずの　③行った　④行く
Point 갈 곳は「(これから)行く場所」、갔을 곳は「(過去に)行ったことがあるであろう場所」を指します。

3）正解 ③

一生懸命に勉強を（　　　　）合格するんです。
①していて　②しないでいたら　③してこそ　④しないでこそ
Point 공부를 해야 합격하다は、「勉強をしてこそ合格する」つまり、「勉強しないと合格できない」というニュアンスの表現になります。

4）正解 ③

これ（　　　　）今日の会議を終わります。
①であって初めて　②でもあり　③で　④とは

5）正解 ④

A:なぜ昼食を食べなかったんですか?
B:（　　　　）昼食を食べるのをよく忘れます。
①働くほど　②働くだけではなく　③仕事以外は　④仕事をしていると

④ 1）正解 ④

この宿題は一度にしようとしたら、時間がたくさんかかりそうです。
①黙って　②ゆっくり　③まっすぐに　④一度に

2）正解 ③

私はこの先輩と仲がいいです。
①かわいそうです　②ひどいです　③親しいです　④適当です

3）正解 ②

先生の説明が理解できます。
①悩みが多いです　②理解できます　③息が合います　④頭を使います
Point 머리에 들어오다は「頭に入ってくる」で「理解する」「分かる」の意味になります。

4）正解 ①

いくら努力しても駄目です。
①努力しても　②触っても　③口裏を合わせても

④時間を割いて都合をつけても

Point 힘을 쓰다(①力を出す ②努力する ③手助けする ④元気だ、力がある)以外に**힘**を使う表現には、**힘을 기르다**(力を付ける、力を養う)、**힘을 들이다**(精力を傾ける、努力する)、**힘을 쏟다**(力を注ぐ)、**힘을 주다**(①力を入れる ②強調する ③励ます)、**힘이 세다**(力強い)などがあります。

5 1)正解 ④

・友達は銀行にお金を(　　　　)行きました。
・なくした傘を(　　　　)地下鉄の駅にもう一度行ってみました。

Point 正解の選択肢を入れた文はそれぞれ、**친구는 은행에 돈을 (④찾으러) 갔어요**(友達は銀行にお金を下ろしに行きました)、**잃어버린 우산을 (④찾으러) 지하철역에 다시 가 봤어요**(なくした傘を捜しに地下鉄の駅にもう一度行ってみました)となります。

2)正解 ③

・コーヒーがとても(　　　　)砂糖を入れました。
・眼鏡を(　　　　)新聞の文字がよく見えます。

Point 正解の選択肢を入れた文はそれぞれ、**커피가 너무 (③써서) 설탕을 넣었어요**(コーヒーがとても苦くて砂糖を入れました)、**안경을 (③써서) 신문의 글씨가 잘 보여요**(眼鏡を掛けているので新聞の文字がよく見えます)となります。

3)正解 ④

・一緒に働きながら(　　　　)が移って別れたくありません。
・子どもが生まれた時から、たくさんの(　　　　)を注いで育てました。

Point 正解の選択肢を入れた文はそれぞれ、**함께 일하면서 (④정)이 들어서 헤어지고 싶지 않아요**(一緒に働きながら情が移って別れたくありません)、**아이가 태어났을 때부터 많은 (④정)을 쏟으면서 키웠어요**(子どもが生まれた時から、たくさんの愛情を注いで育てました)となります。**정이 들다**(情が移る、親しくなる)、**정을 쏟다**(愛情を注ぐ)の他に、**정이 떨어지다**(愛想が尽きる)も併せて覚えましょう。

STEP
4

模擬試験❷

解答 筆記

1）正解 ④

A：どこか具合でも悪いんですか？

B：（　　　　　　）

A：それはそんなに面白いですか？

B：はい、最近毎晩遅くまでやっているので睡眠不足です。

①昨日面白いドラマを見ました。

②実は疲れたので早く家に帰りたいです。

③昨日見た映画はとても面白かったです。

④実は昨夜ゲームのために寝ていないんです。

2）正解 ①

A：その髪、どうしたんですか？

B：（　　　　　　）

A：最近仕事が忙しくて疲れているようですね。

①朝寝坊をしたので、髪を洗えませんでした。

②はい、外で風が吹いているんです。

③朝早く起きて、準備をしました。

④頭が痛くて、薬を飲みました。

Point Aの言葉からBは身支度が普段通りできていないという様子が推測できるので、その理由を述べている選択肢を選びましょう。

3）正解 ②

A：週末に会ったら何をしましょうか？

B：（　　　　　　）

A：でも週末なんだから、映画館に行って映画でも見ましょう。

B：映画は家でも見られるじゃないですか。

①一緒にデパートへ買い物に行きましょう。

②私は家で一緒におしゃべりしながら、おいしい物を食べたいです。

③週末に会って一緒に決めましょう。

④週末は公園に行って散歩しましょうか？

Point Bの発言に対してAがコ래도（でも）と返しているので、Bは「映画館に行く」というAの提案に反する内容の発言をしていると推測されます。

4）正解 ①

A：週末なのに会社に行くんですか？
B：（　　　　　　　）
A：夜遅くまで仕事をされるつもりですか？
B：いいえ、早く終わらせて夕方には友達に会う予定です。
①はい、終わっていない仕事があって、週末に終わらせなければなりません。
②いいえ、うちの会社は平日だけ勤務します。
③病院に行く途中に会社にちょっと寄るつもりです。
④週末は働く必要がありません。

7 1）正解 ④

空気＝공기
①구급차　　②관광　　③광고　　④제공
Point 공と表記する漢字には、「共」「公」「工」「功」などがあります。

2）正解 ①

主題＝주제
①주문　　②집중　　③종류　　④최종
Point 주と表記する漢字には、「週」「住」「周」「駐」「酎」などがあります。

3）正解 ③

違反＝위반
①이내　　②의지　　③위험　　④이익
Point 위と表記する漢字には、「委」「位」「囲」などがあります。

8 　私は大学で英語を専攻しています。今4年生です。私には最近悩みが
あります。来学期に卒業をするんですが、卒業した後に何をするかまだ
決まっていません。大学院に行って英語をもっと勉強するか、就職をす
るか、この二つの中で選択しようと思っています。実は私は大学院を選
択したいんです。ところが両親は卒業して就職しなさいと言います。そ
れで勉強をするか、お金を稼ぐかでとても悩んでいます。こういう悩み
を一番親しい友達に話してみました。友達は、勉強しないでいい会社に

就職しろと言います。そして勉強したければ就職した後に勉強しろと言います。しかし、仕事をしながら勉強ができるか心配です。それで明日は学校の教授にもう少し（　　　　　　　　　）してみようと思います。

【問１】正解 ④

①詳しく報告を　②一度に研究を　③積極的に会議を　④具体的に相談を

【問２】正解 ③

①私は卒業した後に何をすればいいか悩んでいる。
②私は来学期に卒業する予定だ。
③私は卒業後大学院に行くつもりだ。
④友達は私に、卒業後に就職しろと言う。

9 　ウジン：今度の日曜日に友達の家で引っ越し祝いがあるんですが、一緒に行きませんか？

　トム　：ウジンさんの友達の引っ越し祝いなのに、私が行っても構わないでしょうか？

　ウジン：もちろんです。トムさん以外に外国人たちもたくさん来ると思います。友達は外国企業で働いているんです。

　トム　：私は人に会うのが好きなので行きたいです。ところで、引っ越し祝いの場所はどこですか？　（　　　　　　　　　）訪ねて行けますかね？

　ウジン：一人で行かないで、私と会って一緒に行くのはどうですか？

　トム　：はい、そうした方がよさそうですね。

　ウジン：私が土曜日にもう一度連絡します。その時に待ち合わせ場所と時間を決めましょう。

　トム　：はい、いいですよ。とても楽しみです。

【問１】正解 ④

①いつの間にか　②むやみに　③相変わらず　④一人で

【問２】正解 ③

①ウジンは外国企業で働いている。

②トムは今度の日曜日が誕生日だ。

③トムは人に会うのが好きだ。

④ウジンだけ今度の日曜日に友達の引っ越し祝いに行くつもりだ。

10　　人々はどんな趣味を持っているだろうか？　国によってその国の人々に人気のある趣味が異なる。日本人は子どもだけではなく、大人も漫画をよく読む。中国では早朝から公園で体を動かして運動をする人たちをたくさん見られる。韓国人は登山をしたり、運動をよくする。天気がいいオーストラリアではたくさんの人たちが釣りをしながら余裕を持って自然を楽しむ。雨がよく降るイギリスでは、庭をきれいに手入れする人たちが多い。もちろん世の中には特に好きな趣味を持っていない人もいる。もし趣味を持っていない人がこのような趣味を持つようになったら、より楽しい生活ができるだろう。

STEP 4 模擬試験❷ 解答 筆記

【問1】正解 ②

①各国の趣味が同じ理由

②各国で人気のある趣味

③趣味を持っていない人たちの生活

④趣味を楽しむ方法

【問2】正解 ②

①韓国では天気が良くて釣りを楽しむ人たちが多い。

②中国では朝公園で運動する人たちが多い。

③オーストラリアでは漫画を読みながらストレスを解消する人たちが多い。

④日本では登山に行ったり、運動をする人たちが多い。

Point 各国で人気のある趣味についてちゃんと把握しましょう。

11　1）正解 ③

家に帰ってきて息つく暇もなく料理を作りました。

Point 숨 쉴 새도 없다(息つく暇もない)の他に숨を使う表現には、숨을 쉬다(①息をする　②生きて活動する)、숨이 막히다(息が詰まる、息苦しい)などがあります。

2）正解 ①

あの話は二度と口に出さないでください。
Point 입 밖에 내다、입 밖으로 내다（口に出す、口にする）の他に입を使う表現には、입에 대다（食べる、口にする）、입에도 못 대다（口もつけられない）、입을 딱 벌리다（＜あきれたり驚いたりして＞口をあんぐりと開ける）、입을 막다（口をふさぐ、口止めする）、입을 맞추다（①キスをする ②口裏を合わせる）、입을 모으다（口をそろえる）、입을 열다（①口を開く ②口を割る）、입이 가볍다、입이 싸다（口が軽い）、입이 무겁다（口が堅い）、입이 벌어지다（①あぜんとする ②＜うれしくて＞口元がほころぶ）などがあります。

3）正解 ①

本当に高すぎます。
Point 아닌 게 아니라（本当に、やっぱり、他でもなく）の他に、아닐 수 없다（そう言わざるを得ない）、아무것도 아니다（大したことではない、何でもない）などの表現も併せて覚えましょう。

12 1）正解 ①

①食欲がありません　②ご飯がおいしいです
③ご飯がありません　④ご飯ができません
Point 「最近なぜか食欲がありません」の韓国語訳は「요즘 왠지 밥맛이 없어요」。밥맛이 없다（食欲がない）の他に、밥을 사다（食事をおごる）も覚えましょう。

2）正解 ④

①分別がなかったようです　②考えが甘かったようです
③悩みが多いようです　　　④考えが甘かったようです
Point 「私の考えが甘かったようです」の韓国語訳は「내 생각이 짧았던 것 같아요」。생각이 짧다は「分別がない、考えが甘い」の意味で、「甘かった」を直訳した②ではこの意味にはなりません。この他に생각を使う表現として、생각을 돌리다（①思い直す、考え直す ②関心を払う）、생각이 많다（悩みが多い）、생각이 없다（①〜したくない ②分別がない）などがあります。

3）正解 ④

①けんかでもしたかのように　②会いでもしたかのように
③考えでもしたかのように　　④示し合わせたかのように
Point 「今日授業があるのに、示し合わせたかのようにみんな来ませんでした」
の韓国語訳は「오늘 수업이 있는데 약속이나 한 것처럼 모두 안 왔어요」。약
속이나 한 것처럼は「口裏を合わせたかのように、示し合わせたかのように」と
いう意味です。

「ハングル」能力検定試験 3級
模擬試験 ❶ 解答用紙（マークシート）

受験日 [　　／　　]

■ 聞き取り問題

問題	問	解答番号	マークシートチェック欄
1	1）	1	[1] [2] [3] [4]
	2）	2	[1] [2] [3] [4]
2	1）	3	[1] [2] [3] [4]
	2）	4	[1] [2] [3] [4]
	3）	5	[1] [2] [3] [4]
	4）	6	[1] [2] [3] [4]
	5）	7	[1] [2] [3] [4]
	6）	8	[1] [2] [3] [4]
3	1）	9	[1] [2] [3] [4]
	2）	10	[1] [2] [3] [4]
	3）	11	[1] [2] [3] [4]
	4）	12	[1] [2] [3] [4]
4	1）	13	[1] [2] [3] [4]
	2）	14	[1] [2] [3] [4]
	3）	15	[1] [2] [3] [4]
	4）	16	[1] [2] [3] [4]
5	1）	17	[1] [2] [3] [4]
	2）	18	[1] [2] [3] [4]
	3）	19	[1] [2] [3] [4]
	4）	20	[1] [2] [3] [4]

[注意事項]
- 解答にはHBの黒鉛筆（シャープペンシルも可）を使用してください。
- 解答を訂正する場合は消しゴムできれいに消してください。
- 所定の場所以外は記入しないでください。

●マーク例

良い例	悪い例		
▬▬	[✓]	[━┿━]	[⬬]

※模擬試験の解答用紙として、切り取って、または本に付けたままお使いください。
※何度も解く場合はこのページをコピーしてお使いください。

■ 筆記問題

問題	問	解答番号	マークシートチェック欄
1	1）	1	[1] [2] [3] [4]
	2）	2	[1] [2] [3] [4]
	3）	3	[1] [2] [3] [4]
2	1）	4	[1] [2] [3] [4]
	2）	5	[1] [2] [3] [4]
	3）	6	[1] [2] [3] [4]
	4）	7	[1] [2] [3] [4]
	5）	8	[1] [2] [3] [4]
	6）	9	[1] [2] [3] [4]
3	1）	10	[1] [2] [3] [4]
	2）	11	[1] [2] [3] [4]
	3）	12	[1] [2] [3] [4]
	4）	13	[1] [2] [3] [4]
	5）	14	[1] [2] [3] [4]
4	1）	15	[1] [2] [3] [4]
	2）	16	[1] [2] [3] [4]
	3）	17	[1] [2] [3] [4]
	4）	18	[1] [2] [3] [4]
5	1）	19	[1] [2] [3] [4]
	2）	20	[1] [2] [3] [4]
	3）	21	[1] [2] [3] [4]
6	1）	22	[1] [2] [3] [4]
	2）	23	[1] [2] [3] [4]
	3）	24	[1] [2] [3] [4]
	4）	25	[1] [2] [3] [4]
7	1）	26	[1] [2] [3] [4]
	2）	27	[1] [2] [3] [4]
	3）	28	[1] [2] [3] [4]
8	1）	29	[1] [2] [3] [4]
	2）	30	[1] [2] [3] [4]
9	1）	31	[1] [2] [3] [4]
	2）	32	[1] [2] [3] [4]
10	1）	33	[1] [2] [3] [4]
	2）	34	[1] [2] [3] [4]
11	1）	35	[1] [2] [3] [4]
	2）	36	[1] [2] [3] [4]
	3）	37	[1] [2] [3] [4]
12	1）	38	[1] [2] [3] [4]
	2）	39	[1] [2] [3] [4]
	3）	40	[1] [2] [3] [4]

キリトリ✂

■ 聞き取り問題

問題	問	解答番号	マークシートチェック欄
1	1)	1	[1] [2] [3] [4]
	2)	2	[1] [2] [3] [4]
2	1)	3	[1] [2] [3] [4]
	2)	4	[1] [2] [3] [4]
	3)	5	[1] [2] [3] [4]
	4)	6	[1] [2] [3] [4]
	5)	7	[1] [2] [3] [4]
	6)	8	[1] [2] [3] [4]
3	1)	9	[1] [2] [3] [4]
	2)	10	[1] [2] [3] [4]
	3)	11	[1] [2] [3] [4]
	4)	12	[1] [2] [3] [4]
4	1)	13	[1] [2] [3] [4]
	2)	14	[1] [2] [3] [4]
	3)	15	[1] [2] [3] [4]
	4)	16	[1] [2] [3] [4]
5	1)	17	[1] [2] [3] [4]
	2)	18	[1] [2] [3] [4]
	3)	19	[1] [2] [3] [4]
	4)	20	[1] [2] [3] [4]

[注意事項]

・解答にはHBの黒鉛筆（シャープペンシルも可）を使用してください。
・解答を訂正する場合は消しゴムできれいに消してください。
・所定の場所以外は記入しないでください。

●マーク例

良い例	悪い例
■■■■	[✓]　┝━┥　[⬭]

■ 筆記問題

問題	問	解答番号	マークシートチェック欄
1	1)	1	[1] [2] [3] [4]
	2)	2	[1] [2] [3] [4]
	3)	3	[1] [2] [3] [4]
2	1)	4	[1] [2] [3] [4]
	2)	5	[1] [2] [3] [4]
	3)	6	[1] [2] [3] [4]
	4)	7	[1] [2] [3] [4]
	5)	8	[1] [2] [3] [4]
	6)	9	[1] [2] [3] [4]
3	1)	10	[1] [2] [3] [4]
	2)	11	[1] [2] [3] [4]
	3)	12	[1] [2] [3] [4]
	4)	13	[1] [2] [3] [4]
	5)	14	[1] [2] [3] [4]
4	1)	15	[1] [2] [3] [4]
	2)	16	[1] [2] [3] [4]
	3)	17	[1] [2] [3] [4]
	4)	18	[1] [2] [3] [4]
5	1)	19	[1] [2] [3] [4]
	2)	20	[1] [2] [3] [4]
	3)	21	[1] [2] [3] [4]
6	1)	22	[1] [2] [3] [4]
	2)	23	[1] [2] [3] [4]
	3)	24	[1] [2] [3] [4]
	4)	25	[1] [2] [3] [4]
7	1)	26	[1] [2] [3] [4]
	2)	27	[1] [2] [3] [4]
	3)	28	[1] [2] [3] [4]
8	1)	29	[1] [2] [3] [4]
	2)	30	[1] [2] [3] [4]
9	1)	31	[1] [2] [3] [4]
	2)	32	[1] [2] [3] [4]
10	1)	33	[1] [2] [3] [4]
	2)	34	[1] [2] [3] [4]
11	1)	35	[1] [2] [3] [4]
	2)	36	[1] [2] [3] [4]
	3)	37	[1] [2] [3] [4]
12	1)	38	[1] [2] [3] [4]
	2)	39	[1] [2] [3] [4]
	3)	40	[1] [2] [3] [4]

※模擬試験の解答用紙として、切り取って、または本に付けたままお使いください。
※何度も解く場合はこのページをコピーしてお使いください。

著者プロフィール

林京愛（イム・ギョンエ）

お茶の水女子大学大学院人間文化研究科修士課程修了。同大学院人間文化研究科国際日本学専攻博士課程単位取得。ソウル大学韓国語教員養成課程修了。一般企業、教育機関などでの通訳・翻訳経験多数。韓国語学校「チョウンチング韓国語学院」の学院長を務め、江戸川大学、神田外語学院などでの非常勤講師、警視庁外国語教育機関勤務等を経て現在、東洋学園大学、中央学院大学非常勤講師。著書に『最強の！韓国語表現』『料理で学ぶ韓国語レッスン』『私の韓国語手帖—単語絵本とかんたんフレーズ』『あなただけの韓国語家庭教師』（全て国際語学社）、『新装版ハングル能力検定試験5級完全対策』『新装版ハングル能力検定試験4級完全対策』『新装版ハングル能力検定試験準2級完全対策』（全てHANA）など。

新装版「ハングル」能力検定試験3級完全対策

2022年 6月 1日 初版発行
2024年 9月 21日 3刷発行

著者	林京愛
編集	河井佳
デザイン・DTP	洪永愛（Studio H2）
イラスト	ほり みき
ナレーション	イ・ジェウク、イム・チュヒ、菊地信子
録音・編集	小野博
印刷・製本	中央精版印刷株式会社

発行人　裴正烈

発行　　株式会社HANA
　　　　〒102-0072 東京都千代田区飯田橋4-9-1
　　　　TEL：03-6909-9380　FAX：03-6909-9388
　　　　E-mail：info@hanapress.com

発行・発売　株式会社インプレス
　　　　　　〒101-0051 東京都千代田区神田神保町一丁目105番地